短视频+视频号+直播 策划运营实战

车朝春 ◎ 编著

清华大学出版社
北京

内容简介

本书介绍了短视频、视频号和直播平台的运营思维和变现方式。在生产短视频方面，介绍了短视频的策划、IP设定、拍摄和剪辑技法；在运营短视频方面，介绍了上热门、增加粉丝、获得高点击率和点赞的方法；在视频号的矩阵布局和流量获取方面，进行了深入探讨；在商业变现方面，重点介绍了直播平台的方方面面，包括平台软硬件安装、主播培训、直播话术和直播策划方案等；在直播团队的打造方面，进行了详细介绍。

本书适合短视频、直播运营与制作的从业人员阅读，对个人和团队都具有极高的参考价值。

本书封面贴有清华大学出版社防伪标签，无标签者不得销售。
版权所有，侵权必究。举报：010-62782989，beiqinquan@tup.tsinghua.edu.cn。

图书在版编目（CIP）数据

短视频+视频号+直播策划运营实战 / 车朝春编著. —北京：清华大学出版社，2022.4
ISBN 978-7-302-60099-2

I. ①短… II. ①车… III. ①网络营销 IV. ①F713.365.2

中国版本图书馆CIP数据核字（2022）第022871号

责任编辑：张　敏
封面设计：郭二鹏
责任校对：胡伟民
责任印制：刘海龙

出版发行：清华大学出版社
网　　址：http://www.tup.com.cn，http://www.wqbook.com
地　　址：北京清华大学学研大厦A座　　邮　编：100084
社　总　机：010-83470000　　邮　购：010-62786544
投稿与读者服务：010-62776969，c-service@tup.tsinghua.edu.cn
质　量　反　馈：010-62772015，zhiliang@tup.tsinghua.edu.cn
课　件　下　载：http://www.tup.com.cn，010-83470236
印 装 者：三河市少明印务有限公司
经　　销：全国新华书店
开　　本：170mm×230mm　　印　张：12.75　　字　数：318千字
版　　次：2022年6月第1版　　印　次：2022年6月第1次印刷
定　　价：59.80元

产品编号：094800-01

短视频作为一种新兴的自媒体展现方式,引起了越来越多的人的关注。在内容为王的时代,商家和个人对短视频的利用目的不同,商家主要是借助短视频平台赢得流量,为日后的商业变现打好基础。打造独特的个性风格(IP)是商家运营短视频账号最基本的要求,短视频的内容越出色,越容易获得平台的流量倾斜,也越容易为高转化率打下基础。

短视频制作需要分析用户的需求和人性的底层逻辑,在拍摄和剪辑上要下足功夫。能否通过获得观众的认可来提高观众的点赞率和转发、评论数量,是一条短视频发布是否成功的基本评判标准。只要短视频获得了观众的认可,提高关注度和积累粉丝就是水到渠成的事情了。本书针对短视频的策划和短视频的运营给出了建设性的意见和很好的方案。

继抖音、快手等短视频平台之后,微信平台推出了视频号这一重量级产品。之所以说它是重量级,是因为微信本身就沉淀了数以亿计的用户,本身就属于私域流量,这为视频号的运营提供了大量人脉。视频号和抖音、快手的发散逻辑也不同,抖音、快手用点赞量、转发量和评论数量作为基本的权重评判标准,用大数据来操控用户推广。视频号则通过朋友圈的相互关系来进行推广,用户只要点赞一个视频,则该用户的朋友圈中的朋友都会看到。不同人的点赞越多,越能够让该视频进行发散传播。

无论是抖音、快手还是微信平台,最终的目的都是商业变现。商业变现的模式有两种:接收广告和卖货。卖货有两种方式,一种是网店,另一种是直播。本书对直播进行了深入探讨。无论你是打算入行进行直播带货的新人,还是直播运营专业人员,或是为电商提供商品的供应商,都可以从本书中学到前沿、实用、系统的电商直播知识。在短视频的风口下,如何实现营销的短期创新,或者实现企业的长久商业模式转变,本书都给出了具体、敏锐而深刻的答案。

本书由上海应用技术大学艺术与设计学院车朝春编著,适合短视频、直播运营与制作的从业人员阅读。由于编写时间有限,不足之处敬请广大读者指正。

编者

目录 CONTENTS

第1章 短视频平台概述 001
1.1 抖音短视频平台 002
1.2 快手短视频平台 003
1.3 西瓜视频的短视频平台 004
1.4 抖音火山版短视频平台 005

第2章 短视频常用拍摄软件及辅助设备 007
2.1 常用短视频拍摄软件 007
2.1.1 抖音短视频工具 007
2.1.2 美拍社区平台 010
2.1.3 秒拍摄像师 012
2.1.4 小红书笔记 013
2.2 常用短视频拍摄辅助设备 015
2.2.1 手机支架 015
2.2.2 手机自拍杆 016
2.2.3 手机外接镜头 018
2.2.4 原声定向音频设备 019
2.2.5 无死角补光灯 021

第3章 制作爆款短视频 022
3.1 爆款短视频的制作 022
3.1.1 短视频内容综述 022

目录

 3.1.2 爆款短视频的策划 ·······023
 3.1.3 让用户对我们的短视频产生信任感 ·······026
3.2 短视频封面的制作 ·······030
 3.2.1 让封面抓住观众的注意力 ·······031
 3.2.2 打造封面图完美的视觉效果 ·······031
 3.2.3 利用噱头吸引用户 ·······032
3.3 建立自己的素材库 ·······033
 3.3.1 内容素材库 ·······034
 3.3.2 热点素材库 ·······034
 3.3.3 标题素材库 ·······034
 3.3.4 评论素材库 ·······036
 3.3.5 音乐素材库 ·······036

第4章 手机短视频制作实战 ·······037

4.1 影视蒙太奇 ·······037
 4.1.1 高视点拍摄 ·······037
 4.1.2 低视点拍摄 ·······038
 4.1.3 拍摄视角的运用 ·······038
 4.1.4 特殊构图的运用 ·······039
4.2 用剪映软件制作短视频 ·······040
 4.2.1 剪映软件介绍 ·······040
 4.2.2 短视频剪辑 ·······041
 4.2.3 配音和音乐处理 ·······047
 4.2.4 字幕和特效处理 ·······051
 4.2.5 输出并发布短视频 ·······053

第5章 短视频运营实操 ·······055

5.1 短视频运营基础 ·······055
 5.1.1 短视频的停留时长 ·······055
 5.1.2 短视频的点赞 ·······058
5.2 热门短视频 ·······059
 5.2.1 短视频的互动留言 ·······060

- 5.2.2 短视频的扩散和转发 061
- 5.3 短视频的流量变现 063
  - 5.3.1 获取私域流量 064
  - 5.3.2 建立与用户的信任感 064
- 5.4 获取粉丝的技法实操 065
  - 5.4.1 利用通讯录获取粉丝 065
  - 5.4.2 利用绑定关联获取粉丝 066
  - 5.4.3 利用社群获取粉丝 066
  - 5.4.4 通过引发关注获取粉丝 067
  - 5.4.5 利用抖加获取粉丝 067
  - 5.4.6 利用置顶获取粉丝 068
  - 5.4.7 利用别人的热评获取粉丝 068
  - 5.4.8 利用 @ 和 # 号获取粉丝 069
- 5.5 通过数据分析管理短视频账号 069
  - 5.5.1 行业数据查询 069
  - 5.5.2 自身数据查询 071
- 5.6 矩阵式布局 073
  - 5.6.1 单一平台矩阵布局 073
  - 5.6.2 多平台矩阵布局 077
  - 5.6.3 粉丝导流矩阵布局 078

第 6 章 微信视频号概述 080

- 6.1 视频号的平台特征 080
  - 6.1.1 视频号是私域流量的短视频平台 081
  - 6.1.2 坐拥微信亿级用户量的视频号 081
  - 6.1.3 视频号具有优质内容的生态 082
  - 6.1.4 具有微信生态的视频号 084
  - 6.1.5 视频号是短视频时代的终结者 084
  - 6.1.6 处于红利期的视频号 085
- 6.2 视频号的产品策略和平台定位 085
  - 6.2.1 视频号的产品策略 086
  - 6.2.2 视频号的平台定位 086

6.3 初识视频号 ··· 087
- 6.3.1 如何在微信端开通视频号 ····································· 087
- 6.3.2 个人视频号的内容定位 ······································· 088
- 6.3.3 视频号的制作规范 ··· 089
- 6.3.4 视频号的主页内容 ··· 091

6.4 视频号的选题内容策划 ··· 093
- 6.4.1 视频号的调性策划 ··· 093
- 6.4.2 视频号的类目选择 ··· 094
- 6.4.3 视频号平台的游戏规则 ······································· 095
- 6.4.4 视频号平台的审核机制 ······································· 096
- 6.4.5 视频号内容的底层逻辑 ······································· 096

第7章 视频号运营技巧实操 ·· 098

7.1 视频号运营基础 ··· 098
- 7.1.1 找准顾客群 ··· 098
- 7.1.2 打造优秀的作品 ··· 099
- 7.1.3 找准自己的特色 ··· 099
- 7.1.4 选择擅长的领域 ··· 099
- 7.1.5 视频号的表现方式 ··· 100

7.2 吸引粉丝的关注 ··· 101
- 7.2.1 风格统一 ··· 101
- 7.2.2 较好的内容 ··· 102

7.3 获取流量 ··· 102
- 7.3.1 视频号的流量增长方式 ······································· 102
- 7.3.2 使用公众号进行传播 ··· 103

7.4 视频号的矩阵布局 ··· 105
- 7.4.1 企业微信粉丝矩阵布局 ······································· 106
- 7.4.2 变现矩阵布局 ··· 106
- 7.4.3 视频号的引流实操 ··· 107

第8章 视频号的商业变现 ·· 110

8.1 视频号的店铺变现 ··· 110

    8.1.1 微信小店的开通……110
    8.1.2 商品的发布……113
    8.1.3 详情页面的制作……115
  8.2 在视频号中直播变现……116
    8.2.1 创建或者关联小商店……117
    8.2.2 发起直播……118

第 9 章 直播平台分析……120

  9.1 直播行业综述……120
    9.1.1 直播带货的方式……120
    9.1.2 日益成熟的直播平台……121
  9.2 淘宝直播平台……121
    9.2.1 淘宝直播的特点……122
    9.2.2 淘宝直播的商业模式……123
  9.3 快手直播平台……123
    9.3.1 快手直播的特点……124
    9.3.2 快手直播的商业模式……126
  9.4 抖音直播平台……127
    9.4.1 抖音直播的特点……127
    9.4.2 抖音直播的商业模式……129
  9.5 微信直播平台……132
    9.5.1 微信直播的特点……133
    9.5.2 微信直播的商业模式……133
  9.6 其他直播平台……134

第 10 章 直播平台的系统搭建……136

  10.1 淘宝直播平台安装……136
    10.1.1 手机淘宝直播 App 安装……136
    10.1.2 淘宝直播发布……138
    10.1.3 淘宝直播 PC 客户端安装……142
  10.2 抖音直播平台的安装及发布……149
  10.3 快手直播平台的安装及发布……152

10.4 微信直播平台的安装及发布························154

第 11 章 直播前的准备工作························156

11.1 直播前的心态························156
11.1.1 游戏解说主播························156
11.1.2 带货主播························157
11.1.3 话题主播························158
11.1.4 坚持就是胜利························159
11.1.5 如何训练正确的心态························160

11.2 直播前的调研工作························161
11.2.1 看直播的人群························161
11.2.2 观众喜欢看的内容························162
11.2.3 观众喜欢看直播的原因························162
11.2.4 直播前需要做的准备工作························162

11.3 确定观众的画像························164
11.3.1 寻求陪伴型························164
11.3.2 轻松消遣型························165
11.3.3 电竞游戏型························166
11.3.4 消磨时间型························166
11.3.5 追逐潮流型························167
11.3.6 追星型························168

11.4 直播捆绑的产品························169
11.4.1 无知名度的品牌························169
11.4.2 有知名度的品牌························169
11.4.3 适合在直播中售卖的产品························170

11.5 试播和时间规划的细节························170

第 12 章 直播策划案························173

12.1 策划案的内容分类························173
12.2 直播脚本策划要点························174
12.3 写直播脚本的要点························176
12.4 试着正式写一个脚本························177

12.5 高转化率脚本的案例·····178
12.5.1 明确每次直播的目标·····178
12.5.2 设计直播·····179
12.5.3 在直播中反复强调直播目的·····180
12.5.4 复盘和再次宣传·····181

第13章 直播间话术·····183

13.1 理性话术和感性话术·····183
13.1.1 善于留住游客·····183
13.1.2 主播要学会找话题·····184
13.1.3 主播要学会互动·····184

13.2 如何找话题·····185
13.3 电商主播的销售法·····185
13.4 直播间常遇到的问题和话术·····187
13.5 直播欢迎话术·····187
13.6 直播互动技巧·····188
13.7 感谢话术·····188
13.8 直播互动话术·····189
13.9 管理自己的情绪·····190

第1章
短视频平台概述

短视频又称短片视频，是一种互联网内容传播方式，一般是指在互联网新媒体上传播的时长在几秒钟到几分钟的视频。随着移动终端的普及和网络的提速，短平快的大流量传播内容逐渐获得各大平台、粉丝和资本的青睐。随着网红经济的出现，在短视频领域逐渐出现了一批优秀的内容制作者，抖音、西瓜视频、快手等平台都纷纷入驻短视频行业，募集优秀内容制作团队。

短视频能在各种新媒体平台上播放，适合在移动状态和短时休闲状态下观看，能被高频推送；其内容涵盖了技能分享、幽默搞笑、时尚潮流、社会热点、街头采访、公益教育、广告创意和商业定制等题材；其内容较短，可以单独成片，也可以成为系列节目。

短视频制作不像微电影那样具有特定的表现形式和团队配置要求，其生产流程简单、制作门槛低、参与性强，又比直播更具有传播价值。较短的制作周期和趣味化的内容对短视频制作团队的文案及策划水平有一定的要求，优秀的短视频制作团队通常依托于运营成熟的自媒体，这类媒体除了具有高频稳定的内容输出外，还有强大的粉丝渠道。短视频的出现还丰富了新媒体原生广告的形式。

目前，具有代表性的短视频平台有抖音与快手，这两者在用户定位上略有不同。如果想在短视频方面有所作为，需要多维度考量，了解这些短视频平台的运营规则和技巧。由于平台定位不同，有的人适合快手，有的人适合抖音。

下面我们先看一下各个短视频平台的特点。抖音和快手均开通了长视频的上传权限，目前普通视频时长最长可以达到15分钟（在满足特定的条件下，还可以达到更长的时间，甚至可以达到数小时时长）。内容创作者未来的战场不仅仅是短视频领域，还会涵盖与优酷、爱奇艺等传统视频平台相互竞争的长视频领域。图1-1为当前几款主流的手机短视频App。

图 1-1　手机短视频 App

下面我们介绍一下这些主要的短视频平台的特点。

1.1　抖音短视频平台

抖音是一款音乐创意短视频社交软件，于 2016 年 9 月 20 日上线。用户可以通过这款软件选择歌曲和拍摄音乐短视频来创作自己的作品。图 1-2 为抖音短视频的 Logo。

图 1-2　抖音短视频的 Logo

自影像技术诞生以来，全世界范围内最受欢迎的短视频就是 MV，它是所有短视频中的头部产品。相对来说，能对着镜头简单表演的人并不少，但能对着镜头说一段或唱一段进行专业表演的人就少多了，特别是要凭借专业技术去呈现的时候，往往需要团队的配合，因此 MV 的拍摄是一件比较困难的事。

抖音是一个专注于时长在 15 秒之内的短视频分享社区，用户可以选择歌曲配以短视频来创作自己的作品，也可以自己上传剪辑作品。抖音不同于一般的视频拍摄类应用软件，抖音用户可以通过拍摄速度、在线编辑、影视特效（反复、闪一下、慢镜头）等这些软件自带的技术让视频更具创造性。抖音平台主要面向的是年轻用户，配乐以电音、舞曲为主，视频分为舞蹈类和创意类两类，这两类的特点是都很有节奏感。抖音上也有少数播放抒情音乐展示个人技巧的视频，是抖音圈子里的一股清流。图 1-3 为抖音的特色。

图 1-3　抖音的特色

抖音的创作技法并不完全在于创新，但现在这款音乐创意短视频制作软件风头正劲，其日均视频播放量超过一亿条，有的短视频被各路明星网红纷纷转发，甚至"酷我音乐"等在线音乐软件上已经出现了抖音热歌榜，其视频创作者已达上百万人。

抖音用户呈现出年轻化的态势，大部分用户年龄在 30 岁以下。抖音在其用户运营上表现积极，通过大量线上活动，保持平台活跃度，并引导用户进行短视频内容的生产。

抖音的口号是"记录美好生活"，重点就在"美好"二字上。"美好"二字决定了要想在抖音上"火"，视频内容一定要更具有美感、更具时尚及更加符合年轻人的审美需求。在内容为王的抖音平台上，没有捷径可言，踏踏实实地打磨内容才是制胜的法宝。所以，抖音的个性化特征塑造更为关键，后期变现可以采取视频直播带货的方法，或者引导粉丝到店铺采购，进行精准变现。

1.2　快手短视频平台

快手的前身叫"GIF 快手"，诞生于 2011 年 3 月，最初是一款用来制作、分享

GIF 图片的手机应用软件。2012 年 11 月，快手从纯粹的图片应用软件转型为短视频社区，成为了用户记录和分享生活的平台。随着智能手机的普及和移动流量成本的下降，快手在 2015 年后迎来了快速发展的机遇。

在快手平台上，用户可以用照片和短视频记录自己生活的点点滴滴，也可以通过直播与粉丝实时互动。快手的内容覆盖了生活的方方面面，用户遍布全国各地。在这里，人们能找到自己喜欢的内容，搜索自己感兴趣的人，看到更真实有趣的世界，也可以让世界发现真实有趣的自己。图 1-4 为快手公司的 Logo。

图 1-4　快手公司的 Logo

快手是一个记录与分享的平台，其用户定位是大众百姓。快手 CEO 宿华希望人们能通过快手"读懂中国"，让一千多年以后的人，也能看到今天的时代影像。宿华曾说，几百年以后，快手会是一个记录博物馆。快手的平台机制就像它的宣传语"记录世界，记录你"一样，核心是"人"，是帮用户找到志同道合的"老铁（即铁哥们）"。快手以视频为展现形式吸引粉丝，视频是一个入口，吸引粉丝去看直播，直播带货是快手的最大特点。

1.3　西瓜视频的短视频平台

西瓜视频通过人工智能技术帮助每个人发现自己喜欢的视频，并帮助视频创作者向全世界轻松分享自己的视频作品。图 1-5 为西瓜视频的 Logo。

西瓜视频基于人工智能算法为用户推荐短视频内容，让用户在每一次刷新时都能发现新鲜、好看并且符合自己口味的短视频内容。

图 1-5 西瓜视频的 Logo

西瓜视频以专业生产内容（PGC）短视频为主，其定位是个性化推荐的聚合类视频平台。西瓜视频通过算法分析用户的浏览量、观看记录、停留时间等指标进行视频推荐。

西瓜视频的上传视频时长不受限制，但大部分视频时长在 3 分钟左右，视频内容非常丰富，有的偏重轻松幽默，有的关注社会生活，有的偏重家居美食，有的擅长影视小品剪辑。

目前，西瓜视频在短视频 App 中流量很大。平台上涌现了"李永乐""陈翔六点半"等优秀内容创作者。西瓜视频还大力推出"金秒奖"这一奖项，目的是鼓励创作者创作优秀、原创、专业的内容。

1.4 抖音火山版短视频平台

抖音火山版定位在三四线城市的人群，通过小视频帮助用户迅速获取流量、展示自我、获得粉丝、发现同好（即爱好相同的人）。图 1-6 为抖音火山版的 Logo。

图 1-6 抖音火山版的 Logo

抖音火山版是平民化视频创作平台,以诙谐、猎奇、萌宠、吸睛的风格为主。图1-7为各个平台用户的城市大体分布情况。

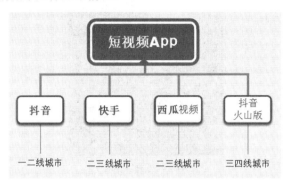

图1-7　各个平台的城市分布

第 2 章
短视频常用拍摄软件及辅助设备

　　智能手机已经普及，其功能不断发展。如今的手机不仅自带拍摄功能，还能通过丰富的 App 进行视频的编辑和加工，并能借助各种平台和工具发布短视频，扩大短视频的传播范围。

　　短视频类 App 层出不穷，功能越来越完善，本章将介绍几款热门且好用的短视频类 App 及常用的短视频拍摄辅助设备。

2.1　常用短视频拍摄软件

　　一提到用手机拍摄短视频，就让人不由自主地想到各式各样的手机 App，它们不仅能提供拍摄短视频的良好平台，而且还各具特色，让短视频拍摄变得简单易行。下面介绍几款有特色的拍摄工具软件供大家参考。

2.1.1　抖音短视频工具

　　抖音作为一款专注于 15 秒音乐视频拍摄的 App，放弃了传统的短视频拍摄风格，而以音乐为主题进行短视频拍摄。作为一款音乐短视频拍摄软件，抖音的主要功能自然是音乐视频的拍摄。抖音 App 中的音乐节奏十分明朗强烈，对于追求个性和自我的年轻人来说，这一 App 能让他们以不一样的方式来展示自我。图 2-1 和图 2-2 所示分别为抖音 App 图标及其主界面。

　　在抖音 App 主界面下方，点击"[+]"图标，即可进入抖音 App 拍摄功能界面，如图 2-3 所示。下面对抖音 App 的拍摄界面功能进行详细介绍。

图 2-1 抖音 App 图标

图 2-2 抖音界面

（1）添加背景音乐。点击即可进入抖音 App 平台的音乐素材库，如图 2-4 所示。在素材库中可以选择不同类型的音乐添加到自己的视频中。在"搜索音乐"栏可以输入音乐名称进行搜索；点击"收藏音乐"可以将喜欢的音乐收藏起来，以便日后在拍摄视频时直接从"我的收藏"中选择使用；而"音乐分类"则将音乐进行划分，方便有不同喜好的用户选择自己喜欢的音乐类型。

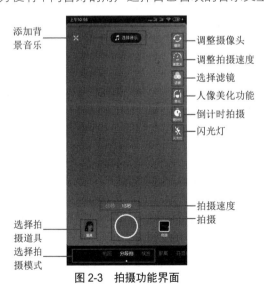
图 2-3 拍摄功能界面

图 2-4 音乐素材库

（2）调整摄像头。将摄像头调整为前置摄像头或后置摄像头。

（3）调整拍摄速度。点击此处可激活拍摄速度设置选项，拍摄速度有多种模式可选。

（4）选择滤镜。抖音 App 内置众多风格不一的滤镜，能让视频秒"换装"，如图 2-5 所示。

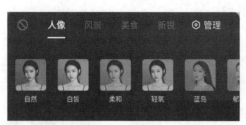

图 2-5　选择滤镜

（5）人像美化功能。通过该功能可以实现针对人脸的"磨皮""瘦脸""大眼"和"妆容"等一系列美颜操作。

（6）倒计时拍摄。用来设置不同的倒计时拍摄时长，以使用户有足够的时间完成拍摄前的准备工作。

（7）闪光灯。开启或关闭供后置拍摄时使用的闪光灯。

（8）选择拍摄道具。点击展开列表，可选择不同的装饰贴纸、特效头套和滤镜效果，以帮助用户将音乐短视频拍摄得更加具有多变性和个性，如图 2-6 所示。

图 2-6　选择拍摄道具

（9）拍摄。点击或长按该按钮皆可进行视频的拍摄。

（10）相册。将已经拍摄好的视频上传至抖音 App 平台上。

（11）选择拍摄模式。通过左右滑动切换拍摄模式，包括"拍照""分段拍"和"快拍"3 种模式。

2.1.2 美拍社区平台

美拍是一款集直播、视频拍摄和视频后期处理等功能于一身的视频 App。美拍 App 从 2014 年面世之后就赢得了大众的狂热追捧，可以算得上开启了短视频拍摄的大流行阶段。图 2-7 和图 2-8 所示分别为美拍 App 的图标及其主界面。

图 2-7 美拍图标

图 2-8 美拍主界面

美拍 App 主推"短视频+直播+社区平台互动"这一特色功能，从视频拍摄到分享，形成了一条完整的生态链，使它足以为用户积蓄粉丝力量，成为一种营销方式。

进入美拍 App 主界面，点击界面下方的"　"图标，即可进入美拍 App 拍摄功能界面，如图 2-9 所示。

第 2 章　短视频常用拍摄软件及辅助设备

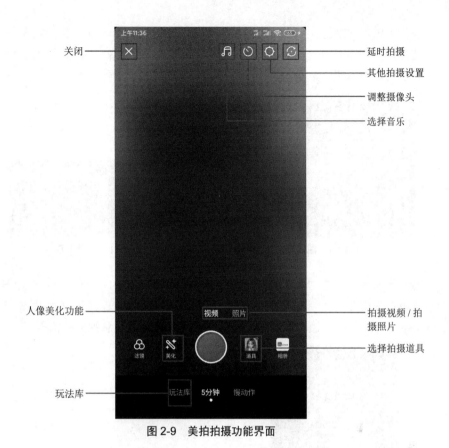

图 2-9　美拍拍摄功能界面

下面对美拍 App 的拍摄界面功能进行详细介绍。

（1）关闭。点击该按钮可退出当前拍摄界面，返回 App 首页。

（2）选择音乐。点击该按钮后即可进入美拍 App 平台的音乐素材库，选择平台提供的音乐素材。

（3）延时拍摄。点击该按钮后设置不同的倒计时拍摄时长，包括"3 秒延时"和"6 秒延时"。

（4）其他拍摄设置。点击该按钮后可展开"防抖""闪光灯"和画幅比例等设置选项。

（5）调整摄像头。点击该按钮后将摄像头调整为前置摄像头或后置摄像头。

（6）拍摄视频 / 拍摄照片。在拍视频和拍照片两种模式之间进行切换。

（7）选择拍摄道具。点击该按钮后展开列表，可选择不同的装饰贴纸、边框和特效，如图 2-10 所示。

011

（8）人像美化功能。点击"美化"按钮即可展开美拍 App 自带的"美颜"和"滤镜"选项，如图 2-11 所示。美颜功能是美拍 App 的一大亮点，相较于同类 App，它的美颜选项更加丰富、全面，能帮助用户实现脸部的各项优化操作。

图 2-10　拍摄道具

图 2-11　美颜工具

（9）玩法库。点击"玩法库"选项后，可实现拼图、手势舞、MV 拍摄等众多创意拍摄，如图 2-12 所示。此外，在首页下滑展开顶部列表，可以看到图 2-13 所示的各类拍摄类型图标，通过点击图标，即可快速进行这些创意视频的拍摄。

图 2-12　创意拍摄

图 2-13　拍摄类型图标

2.1.3　秒拍摄像师

秒拍 App 是一款集视频拍摄、视频编辑和视频发布功能于一体的短视频拍摄软件，它可以提供 5 种视频频道，帮助不同的用户选择不同的视频进行观看。该款 App 有"文艺摄像师"之称，整体拍摄风格偏向于文艺化与潮流化。图 2-14 和图 2-15 所示分别为秒拍 App 图标及其拍摄界面。

进入秒拍 App 拍摄界面后，用户需要先进行视频的拍摄或上传，然后点击"下一步"，跳转界面后可进行"封面"的设置，如图 2-16 所示，整个操作过程比较简单。

图 2-14　秒拍图标

图 2-15　拍摄界面

图 2-16　封面设置

2.1.4　小红书笔记

小红书 App 是当下年轻女性所喜爱的一款生活方式分享平台，其平台内容覆盖了美妆穿搭、个人护理、运动健身、旅游、家居等方面，是年轻人的生活方式展示平台和消费决策入口。在小红书，用户可以通过短视频、图文等形式记录并分享生活的点滴。

点击小红书 App 主界面下方的 ➕ 图标，即可进入小红书 App 拍摄功能界面，如图 2-17 所示。

小红书 App 的拍摄界面简洁明了，拍摄功能与之前介绍的几款 App 基本相同。在用户完成视频的拍摄或上传之后，点击"下一步"即可进入视频编辑界面，对视频进行基本的裁剪、分割、变速处理，或添加滤镜、贴纸、文字和音乐等修饰元素，如图 2-18 所示。

图 2-17　小红书拍摄界面

图 2-18　贴纸功能

在完成了视频的处理工作后,点击"下一步"进入发布界面,在该界面设置封面,并输入相关文字,点击"发布笔记"即可将作品发布至平台,如图 2-19 所示。

图 2-19　发布笔记设置

2.2 常用短视频拍摄辅助设备

拍摄短视频,手机的选择比较重要,好的手机效果就好。在拍摄时,除了采用手持拍摄方式以外,也可以选择一些合适的辅助设备,并针对手机型号进行各项拍摄参数的设置,这样拍出来的短视频效果显得比较专业。下面就介绍一下使用手机拍摄短视频时常用到的一些设备。

2.2.1 手机支架

无论是业余拍摄还是专业拍摄,支架和三脚架的作用都不可忽视。特别是在拍摄一些固定机位、特殊的大场景或进行延时拍摄时,使用这类辅助设备可以很好地稳定机器,并能帮助拍摄者更好地完成一些推拉和提升的动作,如图2-20和图2-21所示。

图 2-20 三脚架

图 2-21 拍摄支架

市面上有许多不同样式的拍摄支架和三脚架,且越来越轻便化,体积越来越小,越来越方便随身携带,越来越便于随时使用。

在常规的便携支架和三脚架的基础上,还衍生出了一些特殊工具,例如"八爪鱼"支架。这类支架除了继承了普通支架的稳定性之外,其特殊的材质能使其随意变化形态,可以附着固定在汽车后视镜、户外栏杆等狭小之处,获得出乎意料的镜头视角,如图2-22所示。

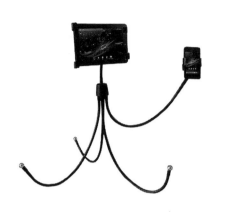

图 2-22　八爪鱼支架

除了上述支架外,还有一些支架和三脚架支持安装补光灯、机位架等配件,可以满足更多场景和镜头的拍摄需求,如图 2-23 所示。

图 2-23　补光灯支架

2.2.2　手机自拍杆

在进行自拍类视频拍摄时,由于人的手臂长度有限,拍摄范围自然就有了一定的限制。如果想进行全身拍摄，或者让身边的人都进入镜头，那就要用到另一种常见的拍摄辅助工具——自拍杆。

要在众多的视频拍摄辅助器材中找到适合自拍视频的拍摄工具，自拍杆绝对是一个不错的选择。

自拍杆的安装比较简单，只需将手机安装在自拍杆的支架上，并调整支架下方的旋钮固定住手机。支架上的夹垫通常都采用软性材料制作，牢固且不伤手机，如图 2-24 所示。自拍杆可以分成手持式和支架式两种，一般来说手持式自拍杆最常见，支架式相对更专业一点。

图 2-24　自拍杆

自拍杆与手机的连接方式一般分为两种，一种是"线控自拍杆"，如图 2-25 所示。在拍摄视频前，需将自拍杆上的插头插入手机上的 3.5mm 耳机插孔，连接成功后就可以对手机进行遥控操作，而无须进行软件设置。除此之外，针对一些没有设置耳机插孔的手机，市面上也提供了蓝牙连接自拍杆。手机在连接蓝牙自拍杆时，只需要打开手机蓝牙，搜索蓝牙设备，自拍杆就会自动与手机进行配对并连接。

图 2-25　线控自拍杆

2.2.3 手机外接镜头

在接触一段时间的手机拍摄后，相信大多数人都会产生这样一个疑问：为什么我拍的视频始终不如别人的好看？其实这就是手机和单反相机的区别。手机镜头是定焦镜头，焦距固定。如果希望将更多的元素拍进画面，或是想强化视频里近大远小的透视效果，使用手机自带的镜头就无法满足需求，难免会在效果上产生差距，这时可以考虑使用手机外接镜头。

手机外接镜头的作用是在手机原有的摄影功能上，增强拍摄效果。目前，市面上常见的手机外接镜头有广角镜头、微距镜头和鱼眼镜头，使用时只需将镜头安装在镜头夹上，然后夹在手机镜头上方即可，如图 2-26 所示。

图 2-26　手机外接镜头

（1）广角镜头。广角镜头是最常用的手机外接镜头，它的作用在于让手机也可以拍摄出大场景和明显的透视效果，如图 2-27 所示。需要注意的是，目前手机外接镜头产品的质量良莠不齐，便宜的广角镜头基本都会有严重的暗角和畸变。

图 2-27　广角效果

（2）微距镜头。使用微距镜头可以缩短最近对焦距离，手机距离被摄物体更近，适合拍摄花卉、昆虫等小目标，可以增加画面的趣味性，如图 2-28 所示。

图 2-28　微距效果

（3）鱼眼镜头。鱼眼镜头可以拍摄出比广角镜头更宽广的范围，并能呈现出特殊的视觉效果，如图 2-29 所示。

图 2-29　鱼眼效果

2.2.4　原声定向音频设备

对视频拍摄而言，声音与画面其实同等重要，很多新人入门时容易忽略这一点。在进行视频拍摄时，不仅要考虑后期对声音的处理，还得做好同期声音的录制工作。很多视频创作都是在户外进行的，如果只使用手机麦克风录音，音质很难得到保证，后期处理起来也会比较麻烦。针对这种情况，使用手机外置麦克风等辅助音频设备，会对短视频音质起到一定的提升作用，也能让之后的声音处理工作变得简单高效。

下面为大家介绍几款拍摄手机短视频时常用的音频设备。

1. 线控耳机

手机配备的线控耳机是大家日常拍摄时最常用的音频设备，如图 2-30 所示。使用时只需要将线控耳机的插头儿插入手机的耳机孔，就可以进行声音的实时传输。相较于昂贵的专业音频设备，线控耳机虽然不需要什么成本，但音质效果一般，对环境的降噪处理效果不是很好。

如果是个人简单拍摄，对录入的音质没有太高要求，使用线控耳机是个不错的选择。在进行视频创作时，尽量在安静的环境下进行声音录制，麦克风不宜距离嘴巴太近，以免爆音。必要时可以在麦克风上方贴上湿巾，可以有效减少噪音和爆音情况的发生。

图 2-30　线控耳机

2. 外接麦克风

手机外接麦克风的特点是易携带、重量轻，与线控耳机和录音笔相比，音质和降噪效果会更好。使用时，只需将自带的连接线与设备相连，就可以轻松地进行声音拾取，并与画面同步。市面上的外接麦克风品种众多，如图 2-31 所示为外接麦克风。

外接麦克风的选择非常关键，麦克风质量的好坏直接影响语音识别的质量和有效作用距离。好的麦克风录音频响曲线比较平整，背景电噪声低，可以在比较远的距离录入清晰的人的说话声，声音还原度高。因此，大家在选取麦克风时最好多看、多比较，根据自己的拍摄情况，选取合适的外接麦克风。

第 2 章　短视频常用拍摄软件及辅助设备

图 2-31　外接麦克风

2.2.5　无死角补光灯

　　在良好的光线条件下，大多数人都能拍摄出画面质量比较好的视频，但是在室内或者光照环境比较复杂的情况下，就需要一些辅助光源了。

　　熟悉摄影的人都应该了解，灯光对画面质量有重要的影响。一般来说，当初学者开始拍摄短视频时，对配光的技巧和原则不太重视。当有照明效果要求时，例如在晚上拍摄视频，可以使用补光灯补充照明，如图 2-32 所示。补光灯比闪光灯的光线更加柔和，加装补光灯进行拍摄，可以有效地提高周围拍摄环境或人物皮肤的亮度，同时还具备柔光效果。

图 2-32　补光灯

第 3 章
制作爆款短视频

下面,我们来介绍一下如何制作爆款短视频。对大多数短视频创作者来说,他们上传的作品肯定不是随手拍摄的,而是经过精心策划才完成的,怎么才能策划出具有爆款潜质的短视频呢?这是一直困扰短视频创作者的难点。本章我们就根据笔者在短视频制作领域多年的经验,来帮助大家制作属于自己的爆款短视频。

3.1 爆款短视频的制作

3.1.1 短视频内容综述

短视频的本质就是通过内容来建立人与人之间的连接,制作短视频的最终目的是实现商业变现,而商业变现的前提是短视频制作者与用户之间建立信任感,实现人与人之间的连接。短视频制作者如何与用户之间建立信任感,如何实现人与人之间的连接,如何实现商业变现,是需要一定的方法和技巧的。有时候光有方法和技巧还不够,还需要有明确的目标,只有明确了方向和目标,才能准确入手。有的短视频制作者喜欢蹭热点,其实,蹭热点是一把双刃剑,它可以借助平台的大流量提升自己 ID 的知名度,但盲目蹭热点也会让创作者的账号定位不清。杂乱的热点会造成视频内容的同质化,减少用户对账号的关注度,只能白白为平台贡献流量。有些创作者把控不好蹭热点的底线,容易被平台封号。这里提醒大家:要力争制作爆款短视频,但爆款不等于蹭热点,真正有价值的爆款内容需要从用户角度出发,建立与用户之间的信任感与代入感,加强用户对短视频内容的信任感和代入感,只有这样才能更好地实现创作者与用户之间的连接。

3.1.2 爆款短视频的策划

下面介绍几种选题方法，引导创作者如何获取用户的信任感和代入感。短视频制作不单纯为了爆款引流而引流，有目的、有针对性地制作内容，才是每个短视频创作者必须要明白的事情。

先介绍一下如何通过代入感来找到适合创作者的短视频选择题，并能让用户喜欢这些短视频选题。代入感，可以理解为用户的感同身受，是用户对在视频内容中提出的价值、思想、行为等观点产生的深度认同感。用户会因代入而喜欢上这个个性化特征人设。那么，如何增加作品的代入感呢？这里介绍四种方式，分别是剧情、提问、情怀和悬念。

1. 剧情

先来了解一下"剧情"。一个好的剧情可以让用户跟随故事情节的变化产生代入感。完整的故事情节更能触动观看者的神经，让他们从心理上与作品产生共鸣。好的剧情不仅可以表达出创作者想要传递的理念或者观点，还可以使用户对创作者账号产生深度的认同感。

下面展示一个在剧情方面做得比较好的短视频案例，如图 3-1 所示。

图 3-1　财经故事视频

这是一个专门讲述各种财经故事的短视频账号。它采用财经教育的逻辑，以诙谐的配音，以故事的形式为大家灌输防止财务损失、学会价值理财的核心观点，拉近了用户与创作者之间的距离。通过讲故事，用户与作品之间产生了情感上的共鸣，而情感的背后就是信任，久而久之，也就能为个性化特征账号本身带来更高的品牌溢价。

2. 提问

说完"剧情"，再来谈谈"提问"。制作一段短视频内容时，虽然本身已经有了相关的流程和答案，但是仍然可以用提问的方式来吸引用户的注意力，吸引对方参与到视频的内容中来。提问类选题的背后逻辑是当用户在短视频页面看到疑问式的标题时，会自然地进入预先被设置的思考路径，引起用户的重视与思考，让他们产生的一探究竟的欲望，并做出反应。这种方式更容易让用户带着问题去观看短视频内容，增加他们的代入感。这里给大家举个例子，如图3-2所示。

图3-2 提问式剧情的短视频

视频中女生以提问开头，并以有趣评论为结束。这样的短视频内容可以让用户在看到标题问题的时候，先入为主地思考自己应该怎么回答，然后好奇短视频里面的回复是什么，从而让用户进入预先设置的思考路径，带动用户跟着剧情往前走，一直到短视频结束。类似这样的内容还有很多，比如情感类、名人名言类或科学知识类等，都可以运用这种形式增加用户的代入感。

3. 情怀

下面来介绍一下"情怀"。情怀指的是人的心境或心理情绪，没有高尚和低俗之分，所有人都可以拥有自己的情怀。在笔者的理解中，情怀是心灵上对美好事物的憧憬，如童真、亲情、爱情或事业等这些人们曾经拥有过，或者渴望获取的东西。当我们在创作短视频时，如果能在短短的几十秒内营造出某类人群需要的情怀氛围，就容易引起观看短视频用户的共鸣，并在共鸣中产生代入感，使用户更加信赖该短视频账号的个性特征。下面给大家介绍一个典型的短视频案例，如图3-3所示。

图3-3　怀旧情怀短视频

这个短视频呈现了20世纪80年代的一个生活场景，使年长一点的用户在看到画面、听到背景音乐的一瞬间就被带回曾经的岁月，让大家缅怀过去，引起共鸣。类似这种主打怀旧题材的短视频账号有很多。他们或专门演唱怀旧歌曲，或播放几十年前的影视片段，这种渲染情怀方式的目的，就是希望唤醒一部分人的共同情感。

在情感上达到共鸣,在共鸣中产生代入感与信任感,从而增强用户与短视频账号之间的连接,更好地塑造创作者的个性化人设。

4. 悬念

说完"情怀",最后讲讲"悬念"。在制作一段短视频的内容时,可以选择在其中的某个关键点结束内容。用户看到这个关键点之后,会对接下来的情节有所期待,想继续观看下去,想要知道后续发生了什么,还要一路跟着该短视频继续探索下去。这就有点像一旦看了一部电视剧,就想要一集一集地看下去,如同下面这个案例一样,如图3-4所示。

图 3-4 悬疑剧情短视频

这是一个关于悬疑的连续剧形式的短视频内容,每一次在短视频结束时都留下了不同的悬念,让用户像追电视连续剧一样地看下去,在吸引用户持续关注的同时,也收获到了一批忠实的粉丝。

3.1.3 让用户对我们的短视频产生信任感

下面介绍一下热门短视频的信任感。要想使个性化特征账号在短视频中呈现信任感,可以使用权威性、小窍门、细节呈现和数据论证四个方法。

1. 权威性

首先来介绍"权威性"。提到权威,大家会想到信任。如果生病了,医生会给你开一些药,并告知你服用的方法,你肯定会按照医嘱服药,因为你信任医生,他在你的心里就是权威。如果你是一个权威或官方组织,或者你制作的内容得到某个领域专家的支持,那这样的选题就非常有优势,原因是用户对你的内容有信任感。例如下面这个案例,如图3-5所示。

图 3-5　医疗权威短视频

这就是一个典型案例,内容呈现的是一个妇产科主任针对女性的健康建议。看到这个内容的用户,在他们的潜意识里就会觉得这个是正确的,如果恰恰是女性群体看到了这个内容,她们很有可能会主动收藏和下载。

2. 小窍门

第二种增加用户信任感的方式是"小窍门"。就是某些事情按照常识我们知道该怎么去做，但是原来还可以"不走寻常路"，用其他方法能达到更好的效果。这里为大家举个例子，如图 3-6 所示。

图 3-6 知识妙招短视频

这个短视频内容就是典型的"小窍门"模式，用户在看完之后会有一种豁然开朗和跃跃欲试的感觉。这样的短视频对用户来说实用性很强，大家也会积极点赞和评论。

3. 细节呈现

第三种增加用户信任感的方式是"细节呈现"。"细节呈现"就是我们在制作某类短视频的时候细化步骤，帮助用户更好地去理解、记忆，或者操作视频所教授的内容，这样的内容更容易让人产生信任感。比如一个制作美食的短视频，内容创作者详细地分步骤进行讲解，让用户在对这款美食产生试吃欲望的同时，还学会了如何制作这款美食。这会让用户在收获知识的同时，对制作食品的大厨产生由衷的敬佩感，并延伸到对账号本身产生信任感，加强美食爱好者与短视频账号的连接与互动。再比如某个产品发布会，主讲人肯定不能只是强调这款产品非常好，而是要更具体地展示这款产品好在哪里,是增加了更多的功能,还是性价比提高了多少等,这就是所说的用细节呈现。这里为大家展示一个具体的案例,如图 3-7 所示。

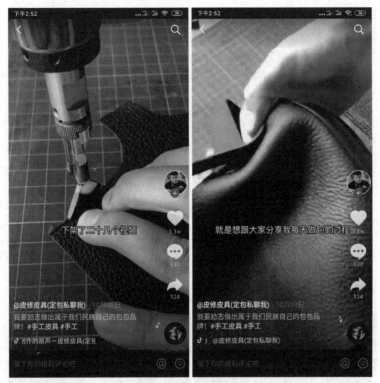

图 3-7　细节呈现短视频

很多受欢迎的手工 DIY 类账号往往都会将其中的细节展示得很详细清晰。这个制作皮具的视频中,创作者把每个步骤都展示得很清楚,做到了用细节"说话",马上就得到了用户的喜欢。细节呈现的方式大多数集中在知识类内容中,比如教做菜或教护肤等。

4. 数据论证

第四种增加用户信任感的方式是"数据论证"。很多时候,我们会尽量拿数据说话,拿数据说话的本质是为了凸显内容,让内容更有说服力,以理性的态度来证明自身的核心优势。王老吉凉茶曾经的广告语就是"180 余年正宗秘方",直接就将自己是正宗的凉茶老品牌表达得淋漓尽致。类似的广告语还有很多,比如美的空调曾经的广告语"产品畅销全球 150 多个国家和地区,连续 7 年出口第一""一亿用户百分之七十都买美的品牌"等,这些都是通过数据来证明自身的优势。短视频内容更是如此。那么，如何有效地利用数据来展现短视频内容呢？笔者挑选了一个在这方面做得不错的短视频账号，分享给大家学习参考，如图 3-8 所示。

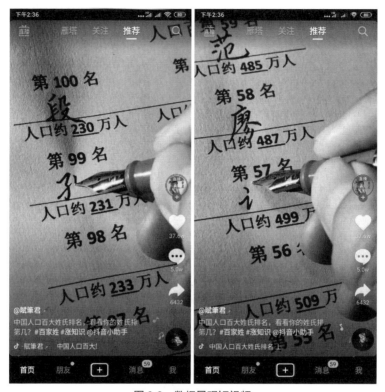

图 3-8　数据展现短视频

该短视频用数字的概念，清晰明了地将姓氏的人口分布情况，以及各种信息内容快速地告知用户，这种直接将所有姓氏按照"排名＋统计"的显示方式有趣有料。在迅速吸引用户注意力的同时，使用户对账户本身也产生了信任感。

3.2　短视频封面的制作

本节从短视频封面入手，重点介绍如何选择一个具有热门潜质的短视频封面。很多人都体会到如果短视频的封面具有强大的吸引力，就能给自己的视频带来大量的流量。短视频封面的重要作用是吸引用户的注意力，下面具体介绍一下选择封面时要注意的一些细节。

3.2.1 让封面抓住观众的注意力

首先,抓住用户的注意力,就是抓住用户的好奇心。用户非常想要了解短视频内容最后的结果是不是跟自己心里预判的一样,这时可以吸引他们带着这种好奇心点开短视频。我们分析一下下面的案例,作者把每张封面都设计成一个悬疑海报,让人看后感觉很想进去一探究竟,如图 3-9 所示。

图 3-9 能够抓住观众好奇心的短视频

3.2.2 打造封面图完美的视觉效果

短视频拍摄者要对封面图进行后期加工,如果不懂后期技术,也可以将视频中最美的一帧截取下来呈献给观众。美化照片的目的是博取观众的好感,起到让人眼前一亮的效果。这种技巧多用在美食、美妆、手工等领域的短视频创作上。比如美食类的短视频封面,只要呈现出成品的效果,哪怕封面不加文字,也能吸引用户的注意力。因此,封面图一定是制作好之后的作品的呈现,不要将半成品作为封面图放上去,更不能编造一个短视频中没有的内容作为封面图发布。我们看一下李子柒的视频封面,她的封面图都很有美感,如图 3-10 所示。

图 3-10 制作精美的短视频封面

3.2.3 利用噱头吸引用户

自己的封面可以借助明星及网红人物的知名度,或利用热点事件作为噱头吸引用户,比如与他们一起合影、一起录制内容都可以达到吸引用户的目的。因为明星、网红、热点人物都自带流量,可以让用户初次浏览后就被吸引住,产生一探究竟的心理。这种方式屡试不爽,不管跟哪位自带流量的名人在一起,都会受到用户的关注。我们分析一下这个案例,图文类短视频目前显得有些老套了,但借助名人的流量,还是能引起不少关注,如图 3-11 所示。

第 3 章 制作爆款短视频

图 3-11 名人封面短视频

这里需要注意的是，明星封面虽然容易获得流量的支持，可以作为早期吸引用户的一种手段，但是不能作为内容运营的一种长期方式，哪怕能够经常找到或制作不同的明星封面来博取用户关注。大家并不是喜欢你，而是喜欢明星才关注你的，那样做非常不利于后期对个人人设的打造。

3.3 建立自己的素材库

本节介绍短视频高手如何通过建立自己的素材库，快速复制内容，批量打造优质内容。我们知道，当制作一个短视频时，只有全身心地投入精力，打造精品，这个短视频才容易火起来。但是一个人的精力是有限的，如果我们想要持续生产优质短视频，就需要借助团队的力量，如果还单打独斗，需要花费的体力和脑力劳动会更多。那么当确实没有团队可借助，只能独自完成短视频制作的时候，有没有什么窍门可以辅助完成制作呢？这里介绍一个比较适用的方法以帮助个人完成短视频制作，那就是通过建立素材库的方式批量打造优质内容。

3.3.1 内容素材库

平时刷短视频的时候，我们应该时刻想着搜集内容素材，收藏一些有灵感的内容供我们日后参考。制作优质内容的第一步就是确定选题，确定选题时除了参考热点之外，还可以使用以下几种方法来确定。

1. 拍系列短视频

将一个热门短视频做成系列，很多火爆短视频都是以系列的形式展现的。

2. 改良创新

参考同类型的短视频内容，将它们的剧情分解拆分，然后进行改良和创新。

3. 搜集段子

抖音是一个泛娱乐的平台，经常会出现好的段子或精彩的剧情，这些段子和剧情可能跟自己的账号没有关系，但是这些都是我们日后参考的对象，所以要提前搜集。

3.3.2 热点素材库

我们要时刻关注一些短视频的数据，比如点赞、评论和转发数量。某个选题值得收藏，通常是因为数据好看。另外，还要看一看模仿他们视频的数量和效果。效果就是别人模仿他拍的同款视频有没有上热搜，有没有获得很高的点赞和播放量，如果有，这个选题就可以去复制和改进，值得我们借鉴。建一个共享文档也是非常必要的，如果我们有团队，素材库中的素材就要共享到云端，让团队中的所有人随时调用。

3.3.3 标题素材库

建立自己的标题素材库，首先要学会分析，分析对方为什么这么设置标题。按照人性认知法则模仿一下，看看对方的标题是不是按照这个法则做的。比如，他的标题形式是什么样的？是如何诱导用户去讨论或者点赞的？是设置了一个话题，还是设置了一个开放式的提问？还有他的问题和互动是如何设置的？

优秀的标题应该设置很多用户关心的关键词，建立标题素材库，就是建立关键词素材库。如何搭建关键词素材库呢？我们可以用"语料库在线"软件进行查询。比如你刷了 100 个爆款视频，把这些视频的标题复制下来，打开语料库在线网页（http://corpus.zhonghuayuwen.org），如图 3-12 所示。

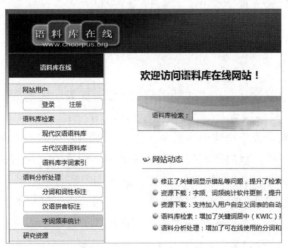

图 3-12 语料库在线主页

进入"字词频率统计"页面,把这 100 个标题粘贴到文字内容框中进行词频统计,就会得到数据结论,哪个词出现的频率最高就用哪个,如图 3-13 所示。

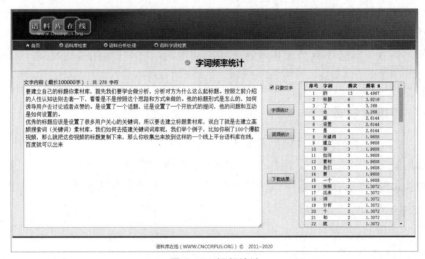

图 3-13 词频统计

可以将这些词汇分成几类进行保存,以便随时进行排列组合。

1. 痛点词

痛点词跟用户的需求有关,用户看到这样的词就会想到一些困难或产生一些担心,也可能会产生某种期待。

2. 热点词

热点词就是热门话题、新闻事件或热点事件,也叫流行词。

3. 情绪词

情绪词是指可以让观众产生某种情绪的词语,比如一提到这个词语,就会使人感到愤怒、恐惧、焦虑或者开心等,能够调动观众的情绪。

通过日积月累,我们把这些词汇分门别类,积累汇总成一个词库,每当要拟定一个视频标题的时候,就挑选匹配一下与视频内容相关的一些词语。把挑出来的词语组合成多个长尾词,然后再重新排列组合。这些词语都曾经应用于爆款视频的标题,经过精心组合后形成新的标题,相信这个标题能够吸引人的概率就变得非常大了。拟出几个标题后,可以将这些标题"扔"到粉丝群里让铁粉们进行投票,其中的某个备选标题就有可能成为爆款标题。

3.3.4 评论素材库

好的短视频需要优质的评论才能引发粉丝互动,因此还要构建一个"神评论"库。为什么要构建这个库呢?因为我们要经常对粉丝的评论进行回复,如果不积极回复会让粉丝觉得被冷落。所以,当我们刷别人的视频时,看到很有趣的评论就可以储存起来。当我们账号粉丝量增多,需要频繁回复时,之前储存的好的回复语句就可以派上用场了。

3.3.5 音乐素材库

优质的配音素材库和背景音乐库在制作短视频时是不可或缺的。要养成一个习惯,即刷到爆款短视频时要点击左下角的音乐应用,将这个音乐收藏起来。等到自己要做类似视频的时候,就可以使用这个音乐了。平时也要随时关注各大平台的音乐排行榜,学会使用近期的热门音乐。

# 第 4 章
手机短视频制作实战

短视频是一种新兴的互联网内容传播方式，它随着新媒体行业的不断发展而发展起来。短视频与传统视频不同，具备生产流程简单、制作门槛低和参与性强等特性，同时又比直播更具有传播价值，因此深受视频爱好者及年轻群体的青睐。

本章将为各位读者详细介绍一些短视频的制作流程和分享知识，帮助读者快速了解短视频这一新兴的视频形式，为以后学习短视频的拍摄与制作打下良好的基础。

4.1 影视蒙太奇

蒙太奇是影视剪辑的术语，也就是镜头语言。新手拍完视频后常常会觉得自己的视频比别人的差上那么一点点，但差在哪里又说不上来。其实，有时候"那么一点点"就是差在拍摄的基本功上面，好比每个人都会唱歌，但是唱好中、高、低音却不是每个人都能做到的。拍摄的基本功可以分为拍摄近景、中景、远景、特写等，这些是基本的拍摄方式，是在画面边缘框架的局限上，扩展画面视野的一种方法，可以称之为"镜头语言"。

本节就通过各种镜头语言为各位读者介绍镜头运用技巧的相关内容。

4.1.1 高视点拍摄

高视点就是俯视拍摄，就是拍摄时相机的位置高于被摄物体，即从上往下拍摄。拍摄时相机距离主体越远，视角就越大，得到的画面也就越宽广。相机距离主体越近，视角就越小，得到的画面就越紧凑。

相比之下，对同一主体进行拍摄，如果改变相机的高度和角度进行拍摄，图像会因为视点不同而具有完全不同的效果。选择不同的视点可以以一种新的方式展示被摄对象。这是摄影师研究如何拍好一个主体的方式之一，如图 4-1 所示。

图 4-1　高视点拍摄

4.1.2　低视点拍摄

低视点就是仰视拍摄，主要强调前景，引导观众不得不以向上的视线观看图像。极低的视点可以产生某种使被摄对象变形的特殊效果。我们可以灵活调整视点，改变物体在画面中的位置，这将给观众带来不同的视觉感受，如图 4-2 所示。

图 4-2　低视点拍摄

4.1.3　拍摄视角的运用

选取不同的拍摄视角是表现透视效果的主要手法。相机镜头距离被拍摄主体越近，拍摄出来的主体影像越大，如果用普通相机镜头拍摄被摄对象时，拍摄效果与人的视觉相似。但是如果换用长焦镜头表现被摄对象时，这种现象被称为距离感就会缩短，透视感也会变淡。这种现象被称为透视压缩。与人们正常的视觉效果不一样，透视压缩会使作品呈现出不同的效果，比如在现实中拍摄对象是平行的，拍摄时却产生了一种画面纵深感，如图4-3所示。

图4-3 透视感很强的画面

4.1.4 特殊构图的运用

在现实中，可以通过参照特定对象来感知物体的大小，在图像中也一样。如果没有参照标准，观众就没有参考，摄影师可以灵活利用这个特点，去掉图像中主体以外的部分，这样会产生各种有趣的效果，能够创造出一个比例不明确的对象。

适当地调整构图的大小和比例，能使摄影师创作出艺术品级别的照片。恰当调整构图中对象的大小和比例，可以创造出具有极致尺寸的画面。如图4-4所示图片中的车，虽然在画面中占据了很小的位置，却体现出整个画面的宽阔。

图 4-4　特殊构图

4.2 用剪映软件制作短视频

下面我们来进行短视频制作实战,制作一段 30 秒的短视频。这个短视频由三段素材组成,用手机竖屏拍摄。为了满足初学者快速实现短视频制作的梦想,我们使用了最简单、常用的软件"剪映"和最简易的制作方法进行制作。我们在这个实例中将学会以下方面的技巧。

1. 视频方面

视频方面包括:三段视频的拼接,视频与视频的转场特效(两段视频的过渡方式),视频时间长度的剪辑,视频播放速度的改变,视频与静态图片的连接。

2. 音频方面

音频方面包括:声音的添加,背景音乐的添加与剪辑,场外声音的叠加,声音效果的改变,声音的淡入淡出。

3. 字幕与画面特效方面

字幕与画面特效方面包括:字幕的叠加,画面元素的叠加。

4. 视频封面的制作方面

视频封面的制作方面包括:封面及文字排版,发布视频。

4.2.1 剪映软件介绍

剪映 App 是抖音官方推出的一款手机视频剪辑应用软件,带有全面的剪辑功能,支持视频变速,有多样滤镜和美颜的效果,有丰富的曲库资源。剪映 App 的功能如下。

(1)视频编辑剪辑(本书案例将使用)。
(2)切割。分割、剪切视频(本书案例将使用)。
(3)变速。0.2 ~ 4 倍调整视频播放素材(本书案例将使用)。
(4)倒放。视频倒叙播放。
(5)画布。设置视频画面比例。
(6)转场。支持叠化、闪黑、运镜、特效等多种效果(本书案例将使用)。
(7)贴纸。支持视频贴纸(本书案例将使用)。
(8)字体。可设置字体风格样式(本书案例将使用)。
(9)语音转字幕。自动识别语音,一键给你的视频加字幕。
(10)抖音音乐收藏。可收藏喜欢的音乐。
(11)曲库。抖音曲库歌曲(本书案例将使用)。
(12)变声。拥有萝莉、大叔、怪物等变声特效(本书案例将使用)。
(13)画面调节。画面色彩调节选项。
(14)滤镜。多种风格滤镜。
(15)美颜。智能识别脸型,开启美颜。

剪映 App 的图标如图 4-5 所示。

图 4-5 剪映 App 的图标

4.2.2 短视频剪辑

本小节我们将完成以下工作:三段视频的拼接,视频与视频的转场特效(两段视频的过渡方式),视频时间长度的剪辑,视频播放速度的改变,视频与静态图片的连接。

(1)准备工作。安装"剪映"App 到手机中,三段不同时间长度的视频拍摄已经完成。

我们先学习一下这个软件的界面,如图 4-6 所示。

注意:为了确保画幅统一,我们要拍摄统一的竖屏或统一的横屏视频,尽量不要横屏和竖屏叠加剪辑。画面尺寸不统一,观众会产生不好的视觉体验。

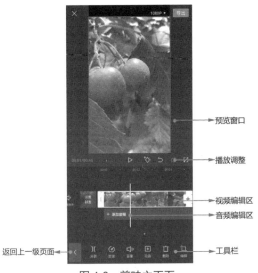

图 4-6 剪映主页面

（2）导入视频素材。打开剪映 App，点击 开始创作 按钮，打开手机相册，选择两段视频，点击 添加(2) 按钮确定导入，如图 4-7 所示。

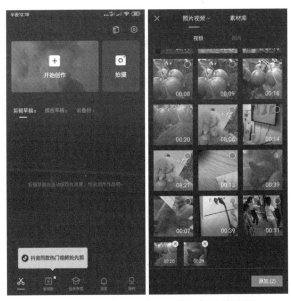

（a）剪映 App 主页　　（b）打开手机相册

图 4-7 导入视频素材

第 4 章　手机短视频制作实战

（3）设置两段视频的过渡转场效果。点击两段视频之间的 ⬚ 按钮，在弹出的转场页面选择想要的转场效果，点击 ⬚ 按钮确认，如图 4-8 所示。

图 4-8　设置转场效果

此时两段视频之间会出现 ⬚ 图标，可以点击这个图标进入转场页面进行再次设置，如图 4-9 所示。

（4）改变视频的时长。点击要改变时长的视频，此时视频两端出现了 ⬚ 图标，按住左边的 ⬚ 图标，然后向右拖动，会改变视频的起始时间；按住右边的 ⬚ 图标向左拖动，会改变视频的结束时间。请自己感受一下，并调整到合适的时长。如果要分割视频，将时间播放到要分割的位置，点击 ⬚ 按钮即可将视频分割成两段，如图 4-10 所示。

提示：左右滑动画面屏幕进度条，可以找到后面的视频。

（5）改变视频的播放速度，让视频产生快放效果。点击一个视频，视频会出现白框，点击 ⬚ 按钮进入变速页面，拖动 ⬚ 按钮设置变速的速度，如图 4-11 所示。

图 4-9　转场设置完成　　　　图 4-10　分割视频

图 4-11　变速设置

（6）将片尾删除。系统会自动设置一个片尾视频，如果不想要，点击 [片尾] 图标，点击 [删除] 按钮，删除这个片尾视频，如图 4-12 所示。

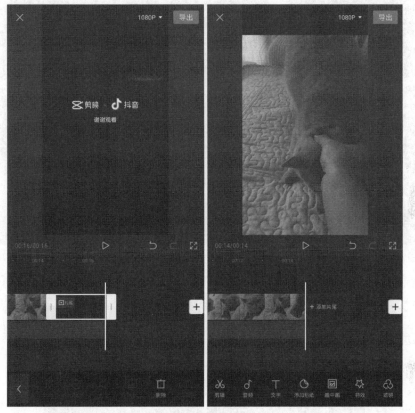

图 4-12　删除片尾

（7）添加图片素材（静态图片也可以和视频共同剪辑）。点击 [+] 按钮，弹出素材添加页面，选择 [照片] 页面，选择一个照片，点击 [添加(1)] 按钮，如图 4-13 所示。

（8）移动素材的前后顺序。按住想要移动顺序的素材三秒钟，然后左右拖动这个素材，就可以改变顺序了，如图 4-14 所示。

（9）设置视频的封面。点击视频时间剪辑线最前面的 [设置封面] 按钮，进入封面设置页面。选择一张图片（也可以选择视频的某一帧），如图 4-15 所示。

图 4-13 添加静态图片

图 4-14 移动素材顺序

图 4-15 设置视频封面

（10）添加封面文字。点击 添加文字 按钮，输入文字，并改变文字样式。然后点击 保存 按钮。如果想改变文字颜色和字体，点击文字右上角的 按钮，即可进入相应页面修改。如果想改变文字尺寸和角度，拖动 按钮即可实现，如图4-16所示。

图4-16　添加封面文字

4.2.3　配音和音乐处理

本小节我们来完成以下工作：声音的添加，背景音乐的添加与剪辑，场外声音的叠加，声音效果的改变，声音的淡入淡出。

（1）添加背景音乐。点击 音频 按钮，进入音频设置面板。选择一首喜欢的音乐（这里选择了"带你去旅行"），可以试听，然后点击 使用 按钮，如图4-17所示。

（2）剪辑音频。在编辑页面选择"带你去旅行"音频线，拖动音频左右的 小方块调整歌曲到你想要的长度，如图4-18所示。

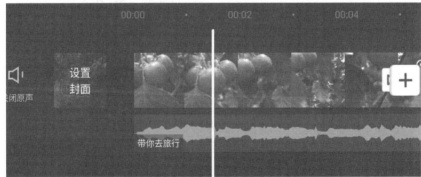

图 4-17 添加背景音乐

第 4 章　手机短视频制作实战

图 4-18　剪辑音频

（3）淡化音乐结尾。点击■按钮，进入淡入淡出页面。拖动○按钮，设置音乐结尾的淡出效果为 3 秒，点击☑按钮，如图 4-19 所示。

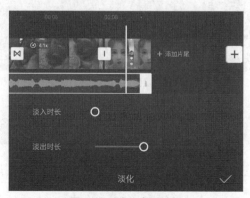

图 4-19　淡化音乐结尾

049

（4）添加音效（场外笑声）。拖动视频到想要添加笑声的时间点（小猫视频），点击 ![音效] 按钮，进入音效页面，选择笑声分类的"哎呦我滴妈"，点击 ![使用] 按钮确定。这个"哎呦我滴妈"音效默认时间比较长，拖动音频左右的 □ 小方块调整音频到你想要的长度，如图 4-20 所示。

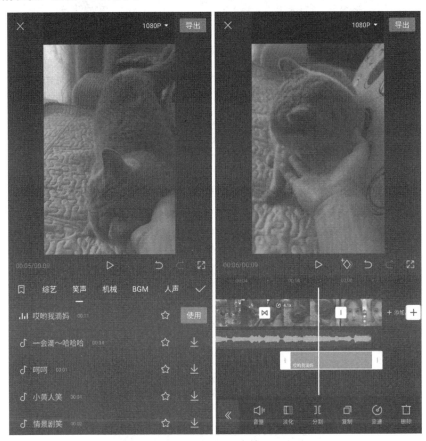

图 4-20　添加音效

（5）给小猫的人物原声进行配音变音处理（变成萝莉音）。点击时间编辑线上的小猫视频，点击 ![变声] 按钮（这个按钮藏在页面最下方工具栏的右侧，通过滑动页面找到该按钮），进入变声页面，选择"萝莉"音，点击 ![√] 按钮确定，如图 4-21 所示。

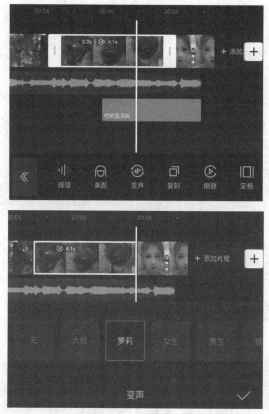

图 4-21 变音处理

4.2.4 字幕和特效处理

下面进行字幕与画面的特效处理,包括字幕的叠加和画面元素的叠加(添加贴纸效果)等。

(1)将视频时间拖动到要添加字幕的位置,点击 文字 按钮,选择你想要的文字样式进行编辑,如图 4-22 所示。

注意:如果当前面板没有 文字 按钮,需要点击 < 按钮回到上一个页面。

(2)画面元素的叠加。我们要给人物头上贴"心形"贴纸,给小猫贴"问号"贴纸。在工具栏点击 添加贴纸 按钮,进入贴纸页面,选择喜欢的贴纸,并移动和旋转它们,如图 4-23 所示。

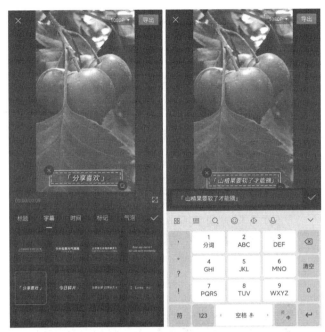

图 4-22　添加视频字幕

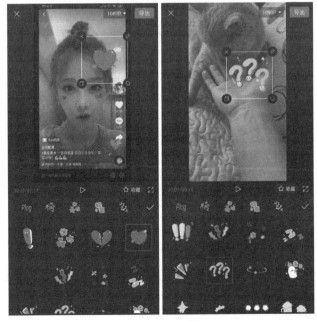

图 4-23　添加贴纸

贴纸四周的小图标：⊠是删除，▣是复制，▣是旋转，◪是修改动画效果。

（3）贴纸显示的时间长度是默认的，在编辑区域拖动贴纸左右的▯按钮调整显示长度，如图 4-24 所示。

图 4-24　设置贴纸长度

4.2.5　输出并发布短视频

下面我们将做好的视频导出为视频文件，并在抖音上发布。

（1）输出视频。点击 导出 按钮，导出视频，系统完成后会提示是否分享到抖音或西瓜视频中，如图 4-25 所示。

图 4-25　输出视频

（2）点击 ![抖音] 按钮即可进入抖音 App 进行发布。在剪映中，如果需要再次对刚才的视频进行编辑，可以在主页面找到刚才的文件（相册中的原始素材不要删除），如图 4-26 所示。

图 4-26　视频剪辑备份

好了，一个简单的视频编辑就完成了，你学会了吗？

第 5 章 短视频运营实操

当我们制作好一段短视频后,就需要对它进行运营,吸引用户对该短视频点赞、留言,并通过这些留言、点赞等信息,提高用户黏性,增强粉丝互动,达到提高变现转化的目的。本章介绍如何提高用户在我们账号上的停留时间,如何触动用户留言、用户点赞和转发,并介绍建立私域流量池的方法。

5.1 短视频运营基础

当人们衡量一个互联网产品是否受欢迎时,会参考用户数量,但现在衡量短视频平台的优劣,会增加一个评判条件,那就是用户的停留时长,即用户每天停留在某个账号上的时间长度。时间越长,表明产品越有吸引力,价值越大。同样,停留在某个短视频账号上的用户越多,用户越会成为账号的忠实粉丝。粉丝数量越多,账号的商业变现能力就会越强。所以在很多平台上,粉丝付费收益往往大于广告收益。

5.1.1 短视频的停留时长

本小节将重点介绍如何在得到更多用户关注的同时,延长其在自己账号上的观看时间,也就是"停留时长"。提高用户在账号上的停留时长,目的就是提高用户的黏性,拉近粉丝与我们之间的距离,提高变现转化率。

一定要重视粉丝在账号上的停留时长,也就是提高粉丝黏性,努力提升商业变现能力。对平台来讲,提高用户黏性可以提升用户体验,还可以通过大数据算法分配给用户更多喜欢看的内容。对我们个人来说,要想提升用户在自己账号上的时长,可以用三个方法来实现。

1. 保持内容垂直

保持内容的垂直性可以吸引更多适合自己的专属用户。不知道读者有没有发现,当在一些教育学习类平台上注册时,平台往往会让你回答很多问题,这些操作肯定会影响用户的体验,容易造成新用户流失。那么,平台为什么还要设置注册门槛呢?答案是为了识别真正属于自己平台的用户,屏蔽那些对平台没有价值的用户。因为只有真正在教育学习方面有需求的人对平台才有价值,这就是用户的精准匹配,这一点很重要。这对短视频账号运营者的启发是:我们没有必要一味追求粉丝数量,而是要找对属于自己的精准粉丝群体。拥有的这类精准人群越多,商业变现能力就会越强。前面讲过,用户在账号的停留时长越长,越有可能成为精准粉丝。那么,如何提高这类粉丝的停留时长呢?那就是要保持内容的垂直性,用内容的垂直性吸引更多适合自己人设的专属用户。保持内容的垂直性,就是要在选择好创作领域之后,不要再在同一个账号里混杂其他领域的内容,要一个账号创作一种类型的作品,要把一种类型做精做细,做到极致。这么做可以得到正反两方面的反馈,对用户而言,只有看到创作者保持垂直内容的不断输出,才会在心中树立品牌感;对创作者而言,保持内容的垂直性,可以帮助用户减少选择的成本。

不管是在快手还是抖音上,都可以看到一些制作内容不太垂直的账号,内容很杂乱,什么内容都放,偶尔有一条内容上了热门,但用户看到其他内容之后,无法被非垂直内容吸引,自然也不会对这个账号保持长久关注。

2. 保持内容质量稳定

保证内容质量的稳定性可以吸引更多的忠实用户。上面介绍了如何提高精准用户在我们账号上的停留时长,具体做法是保持内容的垂直性。除此之外,还要保持创作内容质量的稳定性,以吸引更多忠实的用户。个人发布的每一个视频都要做成精品内容,而不要觉得有一个内容上了热门,其他的上不了热门也无所谓,这种创作思想千万不能有。对外发布的短视频内容一定要保持较高的稳定的创作水平,只有这样才能够不断地吸引用户,并且逐渐将新用户变成忠实的粉丝。

保持内容的稳定性要始终围绕一个品类,一个群体诉求,一个固定人设来制作内容,千万不要为了获取短暂流量而采取取巧的办法乱追热点,要踏实地对外输出内容。

一起来看两个典型案例。一个是手机维修技巧账号,每一次发出的内容都保持了稳定的水准,解决大家关注度高的手机故障问题。喜欢这个账号的用户通过观看每一个质量稳定的短视频内容,渐渐喜欢上了这个个性化账号,成为这个账号的忠实粉丝。另一个是手表保养的视频账号,同前面的手机维修技巧账号风格基本相似,也形成了自己独特的个性化特征。对垂直性用户来说，虽然用户数量不多，但都很精准，这是很值得借鉴的。这两个例子如图 5-1 所示。

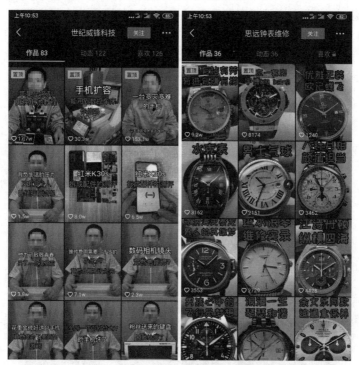

图 5-1 统一视频质量（保持一致性）

3. 与粉丝保持互动

上面介绍了如果想提升用户在账号停留的时长，需要保持内容的垂直性，还要保持内容质量和对外输出的稳定性。除此之外，最重要的一点是要频繁与自己账号内的粉丝互动，以深度用户运营的方式拉近彼此的距离。还可以用社群的方式运营，拉近彼此距离，与粉丝保持互动。在互动中要重视用户对创作内容的意见和建议，认真汲取用户对短视频的各种反馈意见。这么做的目的就是通过这些忠实用户的反馈，调整创作的思路，改进不足，获得更多精准用户的关注。另外，重视这些用户的反馈，会使用户感觉得到了重视。这种感觉会拉近彼此间的距离，会慢慢地提升用户黏性，增加他们在账号上的停留时长。与用户互动的方式包括：赞同对方的看法、解答对方的疑惑、征求对方的意见和主动与对方沟通等。这些互动用户增多之后，再在这些用户中进行内容深耕，满足他们的需求，自然就会提高变现转化能力。

带货高手与用户互动得非常到位，只要用户有问题，他们往往会在第一时间进行解答。通过互动，就会慢慢加深彼此之间的关系，非常有助于创作者后期在平台上开店或者主推自己的产品。图 5-2 所示的账号主推农家乐和健康水果，每年到了春夏季节，该账号会发布短视频吸引顾客，带动了春秋两季的水果销售。该账号拥有大量的精准粉丝，粉丝和农家乐主人保持了良好的互动，这些忠实粉丝每年给账号带来了很多新的流量，使这个账号的生意非常火爆。

图 5-2　与顾客互动良好的案例

5.1.2　短视频的点赞

本小节重点研究如何帮助账号快速涨粉，增加点赞数量。通过增加点赞量可以让视频上热门、上热搜，还能够增加账户的权重，获取更多的粉丝。

一个短视频想要成为爆款短视频，要符合算法推荐机制。算法推荐时，要衡量很多维度的数据，其中一个就是用户的点赞率。求赞的方式可以有很多种表述，如"双击六六""帮我点红心""一键三连"等。对用户来说，点赞代表喜欢和认可，对平台方来说，可以通过点赞的设置来分析用户对哪些内容感兴趣，并将这些内容分发到更多的精准用户的手机上。点赞是一个双向的反馈功能，可以让用户喜欢的内容获得更多流量的倾斜，让更多的用户看到自己喜欢的内容。下面分析一下用户给视频点赞的诸多影响因素。

1. 佩服点赞

当视频中的内容让用户产生了佩服感,比如用户对视频中舞蹈的技法非常赞叹,会自然而然地给视频点赞。

2. 感恩点赞

有些视频传播了社会上的正能量,虽然没有发生在自己身边,但是看到这样的内容,内心仍然充满了感动,点赞也是对这些行为最好的回馈。

3. 共鸣点赞

用户观看了有些短视频内容之后,对其中表达的观点、建议和倾诉有认同感,能产生心灵的共鸣,自然也能点赞。短视频如果做到这一点,也可以提高内容的点赞率。

4. 价值点赞

如果短视频内容让用户觉得很有用,用户就会发自内心地去点赞。比如短视频介绍的是一些清理手机内存的实用方法,能解决很多用户手机速度慢的问题,而且这些方法具有便捷性和可操作性,类似这样的内容会很容易得到用户的点赞。

5. 解压点赞

精神解压类的短视频可增加用户的点赞率。这类作品通常会采用搞笑的剧情,诙谐的表演方式博得观众一笑。或者采用转折的剧情,让观众看到开头,想不到结尾;这种剧情大反转的短视频通常会让观众大呼过瘾,获赞的概率相应会高。

上面介绍的内容是可以采用的一些获取点赞量的方法。用户之所以点赞,是因为其通过内容得到了他想要的东西。只有用户获得了满足,才能表达出对内容的喜爱与认可。在必要时,也可以适当引导用户点赞,比如在短视频文案或者内容中都可以简单提一句,让大家帮忙点赞,给予支持,用户对自己喜爱的内容是不会吝啬点赞行为的。对创作者来说,可以通过用户对自己作品的点赞数量,掌握他们对作品的喜爱程度,然后灵活地调整策划思路,创作出更好的作品。

5.2 热门短视频

一个短视频在平台上是否受欢迎,需要参考多个条件综合衡量,比如点赞量、评论量、转发量、浏览量和完成率等。5.1节介绍了如何提高短视频内容的点赞率,本节将重点介绍提高短视频评论量和转发量的方法。

5.2.1 短视频的互动留言

增加评论量的目的是增加账号与用户的互动频次。提高评论量有两个深层次的目的：第一是通过评论量的提升增强内容的曝光率，让更多人注意到内容，吸引更多的精准粉丝；第二是通过用户的评论，为短视频内容的改进找到重要的参考与反馈渠道。

下面就介绍引导用户留言的具体方法。

1. 将观众作为倾诉对象

创作内容时，要将用户作为倾诉的对象，或者将用户当作内容中的一个人物来进行设置，用提问或询问的方式，将用户带入一个特定的情境中，引导用户针对内容中的问题表达自己的看法。将用户对象化的方法，能让用户感觉到内容亲切自然，可以有效地拉近彼此间的距离。

2. 让内容具有争议性

争议性方法就是短视频内容要围绕争议性的话题展开，或是针对存在多种认知角度的内容来创作短视频，吸引大众从不同角度进行评论。对于某个观点，自然有人赞同，也有人反对，这是非常正常的，毕竟每个人的实际情况不同。当短视频制作者旗帜鲜明地表达了自己的观点之后，必然会有赞同者或反对者在留言区发表自己的观点与看法。采用争议性方法时，注意不能为了博噱头而故意制造冲突。通过内容来表达一种观点时，一方面不要含糊其词，而要直截了当、旗帜鲜明；另一方面，要通过短视频内容验证自己的观点，而这个观点恰好又能颠覆之前的大众认知，这样就会吸引更多的观众留言。

3. 制造一种情绪

在短视频中营造出一种能激发某种情绪的氛围，让观众在氛围中产生情绪共鸣，这些观众产生了情绪共鸣之后，自然就容易留言反馈。比如搞笑、感动或气愤的情绪，这些情绪都可以引发用户的共鸣，会促使用户表达自己的观点。

4. 提出问题让观众选择

在短视频中提出一些具有选择性的问题，给出几种答案让观众选择。有时候，设置标题时就要考虑选择性问题的嵌入。很多事物都具有两面性，一个问题可以有两种甚至多种解答方式，让观众对号入座，表达自己的观点。采用选择式方法来提高用户留言数量时，需要注意单纯的回答问题并不能沉淀粉丝，还应该给粉丝一些适当的奖励。

5.2.2 短视频的扩散和转发

本小节重点介绍如何提高短视频内容的转发量，提高内容上热门的概率。提高短视频的转发量，其实就是让更多的用户将创作的内容分享到不同的平台。提高转发量能让更多平台的用户了解短视频内容及账号，不但能增加新用户数量，还能提高自己的个性化账号在其他平台的知名度。转发量对于短视频平台和创作者都是一个非常重要的衡量标准。

很多人看了别人的短视频有很多的转发量，就分析其中的制作技巧，比如特效、色彩等。其实大可不必分析这些技巧，用户之所以愿意转发，多半跟自己的社交习惯有关。每个人都代表了一个社交圈子，他转发内容，必定是想要给别人看，想要获得共鸣、刷新认知和寻找共同话题。

1. 获得共鸣

获得共鸣，即表达自己的观点，让内容为自己代言，向别人传递心声，这是用户分享短视频的第一层含义。个人发布的短视频一定要把内容表达清楚，让人一目了然，并且代表一部分人的心声，大家才会乐意去转发分享。我们来看下面这个案例，如图 5-3 所示。

图 5-3　扫码点餐案例

视频内容是退伍军人在饭馆不会使用扫码支付,正在犯难时,忽然发现了不法分子,这名军人挺身而出,制服了不法分子。饭馆老板看到后,不但给军人免了单,还说出了一番慷慨激昂的感激话语。这个视频表达了退伍军人的正义勇敢,也表达了人民对退伍军人的关爱。这个视频的转发量达到了 1.2 万次,这就是影片中的正能量让大家感动和敬佩,为退伍军人点赞,为老板点赞,表达了广大观众对正义的支持。

2. 刷新认知

刷新认知,即解决痛点,这样的短视频很容易让人转发。当通过各种短视频内容表达自己的主题时,不要空泛表达,而是要针对大众面对的具体痛点,表达自己的观点,只有具体场景下的解决方案,才会让更多人感同身受,才会更容易促使别人转发和分享。我们来看下面这个案例,如图 5-4 所示。

图 5-4 创业领袖案例

视频内容是曾经的大老板因为生意失败变成了一名创业意见领袖,在视频中总结自己的失败、展望未来,为观众解惑生意场上的迷局和圈套。但凡做生意的人看了他的短视频之后,大多会有所反思,换位思考后能够领悟出一番道理。用户也想让别人看到自己分享的内容,并通过这个内容对自己产生进一步的了解。内容首先需要得到用户的认可,并且还能让用户觉得转发、分享之后可以帮助自己的朋友。

因此，创作短视频时为了提高分享、转发数量，要做好垂直化的人群规划，将有价值的内容传达给特定的人群，使这类人群转发后，再帮助某类特定人群来提升自我。

3. 寻找共同话题

人是具有族群属性的，很多人都希望找到自己的同类人聊聊感兴趣的话题。短视频内容一定要让某一类人感受到某种情绪，只有用户感同身受，才会促使他们发自内心地转发。我们看一下下面这个案例，如图5-5所示。

图5-5 旅行题材案例

优美的风景会让喜欢旅行的人转发该内容，这里要注意的是，不要采用低级的道德绑架的方式让用户转发。比如有些创作者制作健康类的内容时，会在内容结束时加上"为了某某健康赶紧转发"，甚至还有"听说转发给两个人会给自己带来好运"这样的词句，这样的方式会让人很厌恶，反而适得其反。

5.3 短视频的流量变现

本节介绍如何把流量进行变现，这是做短视频运营的人关心的问题。要想变现，必须先把流量沉淀到相关的私人账号，比如微信，然后再进行商品推销。

短视频平台上的粉丝，无论是否活跃，都是公用平台上的流量。要想把这些粉丝变成自己的有效变现粉丝，必须通过一些技巧把粉丝引流到自己的微信公众号或个人微信上，将粉丝转化为私域用户。接下来介绍实现短视频流量变现的几种实用方法。

5.3.1 获取私域流量

在短视频平台（如抖音）上，无论账号上有多少粉丝，暂时都不是真正意义上的核心粉丝，只有将粉丝引导到个人微信号上，才算完成了私域粉丝群体的搭建。然后再通过朋友圈、小程序等一系列运营工具或者运营场景进行转化和变现。之前说的短视频平台，引流渠道虽然非常广且流量巨大，但是所嫁接的平台都是第三方平台。这些流量其实还是在平台上，稍不注意，平台说要封号就封号，说要限流就限流。账号的命运随时掌握在平台的手上，而平台之间有竞争，平台内部也有非常多的限制规则。相对于平台的账号，个人微信号的限制少很多，可发挥的空间要大很多，所以微信公众号和朋友圈粉丝的价值就比短视频平台上的粉丝大很多。

5.3.2 建立与用户的信任感

抖音、快手等其实不单单只是一个短视频平台，而是一个短视频社交生态圈或商业生态圈，具备社交的属性。所有的自媒体对于用户来讲，都是一个虚拟账号或者一个企业的官方身份，如果把粉丝导到自己经营的公众号或个人微信号里，在运营的时候用户就会把你想象成一个真实的具有个性化特征的人。用户通过朋友圈、私信和社群等方式跟你建立良好的沟通，就把你当成朋友，一个可以信任的朋友。

信任才是最大的转化成本，通过流量筛选后，用户对你产生了足够的信任，会很容易进行商业变现。回归到本质，从引流到变现其实就是运营四部曲：知道、了解、信任和成交。

在平台上发内容其实就是在做早期的曝光，目的是让更多的人知道你。粉丝关注你之后，你不断地输出视频，让用户更了解你。不断地增加用户对你的信任感，最终会让用户成为你的铁粉、忠粉，你推什么东西用户就买什么东西。所以，要极力设法将平台的粉丝变成微信群或个人微信号的粉丝，形成一个从引流到变现的闭环。这样你的短视频商业模式和商业生态才算走通了，形成良性循环。

从长远来看，哪怕有一天平台的粉丝再也不涨了，你还可以去做矩阵号，或者更换一个平台，但是这些粉丝还都在你的微信里面，都认可你的个性化风格。

这样，前面付出的引流成本就会持续稳定地变现，不会因为市场的变化、平台的变化而断流。

5.4 获取粉丝的技法实操

本节展示了笔者总结的十种涨粉方法。读者要明白，涨粉的目的不仅仅是增加粉丝量，而且要通过一系列操作完成流量池的填充，达到变现的目的。这些涨粉的方法不一定适用于每个人，但通过组合运用，一定会产生相应的效果。

5.4.1 利用通讯录获取粉丝

注册一个新抖音号（也可以是其他平台账号）之后，可以选择账号与手机号绑定。手机号绑定之后，可以通过通讯录来增加粉丝，如图5-6所示。有些人认为，手机里都是亲朋好友，没必要加粉丝。但要想做大客户流量，就必须从精准人群分类做起，完全可以把自己潜在客户的电话号码都导入到新手机号上，拿这个新手机号来注册抖音号，系统会根据匹配算法，把账号推荐到这些电话用户面前。举个例子，有个做教学培训的人想做抖音账号，他把培训班付费的用户电话都存到了通讯录里，然后先主动关注用户，关注了就可以与其私信。早期，他就通过这样的互相关注通讯录"绑定+私信"这样的组合方式，在没有发一条视频的时候，就已经吸引了800多个粉丝。同时，他又把潜在的用户都导入到手机通讯录中，用同样的方法互相关注，然后推内容。这样做的结果是有15%的人关注了他，当他正式发短视频的时候已经积累了上千个精准粉丝。

图5-6 导入手机通讯录

这里有一个注意事项，主动关注别人的时候不要过于频繁，导入可以批量，但不要一天就关注很多个人，短时间内关注太多人的抖音系统会提示操作过于频繁。正常的关注速度是一天之内关注30个左右即可。用一两个月的时间做这个事情，慢慢地就会有一些成效。

5.4.2 利用绑定关联获取粉丝

利用绑定关联涨粉有几个小技巧，先来看一下其中的原理。大部分人的QQ、微信、微博等账号已经有了一定数量的粉丝，在抖音平台绑定这些账号后，如果这些账号的粉丝也在抖音上有账号，抖音也会把你的账号推荐给他们，然后你可以通过私信的方式与他们建立联系，让他们也来关注你。有的微商有好几个微信号，要利用这一点不定期地跟抖音账号解绑和换绑。比如一个QQ号有四百个粉丝，刚开始把它绑定到抖音账号上，过了一段日子，这四百个粉丝都关注完成，此时就换另外一个QQ号和抖音绑定，其他账号也是这样操作，目的就是把所有的第三方系统账号都绑定到抖音账号上，把所有的粉丝都引流过来。这里要注意，要在抖音的"隐私设置"里将"允许推荐给可能认识的人"选项打开，否则前面的操作都会失效，如图5-7所示。

图 5-7 隐私设置

注意：不要频繁切换第三方账号绑定，最好是半个月或者一个月换一次，也不要一次把QQ、微信、微博等所有的账号都换，否则系统会认为你在作弊，从而影响权重。

5.4.3 利用社群获取粉丝

抖音平台有一个基本的推荐流程，当账号发完视频后，平台会给视频100个人的初始流量，如果效果不错，互动率很高，系统会进入第二轮的叠加池，这个是系统自行判断的。我们知道了系统的这个算法之后，就可以人工模仿抖音系统的算法，用一个互动率很高的视频来上热门。发动身边更多的人去互动、点赞、评论、转发和关注，达到一定的量之后，系统就会再次把内容推荐到另一个叠加池里。刚开始做一个新号时，这个新号在抖音上没有粉丝，我们要将在抖音之外的粉丝拉进来帮你互动。比如微博、微信、QQ里面已经有了一定的流量，就想方设法拉进来至少30名的铁粉，让他们都关注你的抖音号，还要通过微信、QQ把这些铁粉组成一个社群。发视频的时候，就让这些人完整地看完这个视频，然后开始点赞，留下好评。这些用户本身就是你的铁粉，本身就是真实用户，与他们进行了这些互动之后，抖音系统自然就会认为该短视频是优质内容，值得进入第二轮叠加池。同时，这些粉丝本身就是你的精准粉丝，所以当系统推荐内容到新一轮的粉丝面前时，所产生的流量也都是真正对该短视频内容感兴趣的精准流量。这样，该短视频就有了一个良好的发布开端，如果内容真的很好，那就更容易上热门。

外部社群涨粉的运营方式很早以前就有，微信或QQ里有各种互赞群、交流群、宣传群，其实就是一个互推互赞的社区。可以在微信或QQ里面找到并加入这些群，利用对方的资源来互推互赞。

5.4.4 通过引发关注获取粉丝

利用朋友圈、QQ群或微信群进行引流。比如发布了一个视频，可以把这个视频最精华的部分剪辑出5～10秒的片断，留一个悬念，让用户无法看到完整的视频。前面的视频很吸引人，发到社群后就会有人到你的抖音账号上观看完整的视频，引流时要注意把搜索的账号名称或账号号码放在视频上。

5.4.5 利用抖加获取粉丝

抖加这种工具类似于淘宝的直通车，是抖音为创作者提供的视频加热工具，能够有效提升视频播放量与互动量。如果用淘宝直通车来买流量，性价比相对不高。直通车真正的用途是测款。用最精准的流量来测试某一款商品是否具备爆款实力，这是直通车的底层逻辑。抖加也一样，如果用抖加来买流量，当然也不太划算。抖加最核心的功能是能够精准定位用户的性别、年龄、区域。所以当你想精准地获取流量时，可以使用抖加。比如在变现能力已经形成了稳定的闭环基础上，想要获取某一领域的精准流量，则可以用抖加来获取粉丝，这是其核心价值。

利用抖加可以测试产品，这是很多人不知道的。跟直通车一样，利用抖加可以测试出哪款视频风格可以做或应该果断放弃。很多创作者在早期没有粉丝基数的时候，发一个视频上去，即使内容很好，可能也就最多五六百人观看，再幸运一些，进入第二轮叠加池也就最多两千人观看。想要发力会很难，所以没办法证明这种视频风格究竟能不能继续坚持下去。

因此，很多创作者很疑惑，视频都这么多期了，有的会有一两千播放量，大部分还只有三四百播放量。虽然每个视频都用心创作了，但是无法知道哪种视频更适合观众，更值得去持续发力。这时候可以用抖加来测试，你可以花钱买一些播放量，通过这些播放量和宣传效果来测试哪种视频风格更适合观众，哪种视频互动性更强，这样就知道应该坚持哪种风格了，不会把精力用错了。

5.4.6 利用置顶获取粉丝

抖音有一个功能，就是可以把三个视频设置成置顶，这样所有人到了你的主页首先会看到这三个视频。什么样的视频值得置顶呢？第一，爆款视频一定要置顶。比如今天发了一个视频，有粉丝看到并进到该主页，要让他首先看到点赞最多且用户互动率最高的视频，让他很快就能了解该账号对他有没有价值。第二，置顶的不只是爆款视频，还有引流视频。什么叫引流视频呢？我们要先做泛流量视频，再做精准流量视频。比如有些人并没有特别的喜好，偶然被吸引到你的主页后，发现你的某些内容刚好是他需要的内容，他也会关注你。第三，除了置顶，我们还不能忽略视频下面的评论，要想办法用小号把粉丝最想知道的问题表现在评论区，并让这个评论变成热评。站在用户角度提问出精准粉丝最关注的问题，然后用自己的大号去回答。比如当前账号主要是做什么的，想获取什么资料，或者要在哪里买产品等。评论区要出现一问一答的形式，让用户知道这个账号值得关注。在评论区里打消用户的疑惑，让用户刷完视频去翻评论时，加深对账号的认可，以提升其关注度。

5.4.7 利用别人的热评获取粉丝

有一种评论叫"神回复"（即能引起共鸣的个性回复），抖音里经常有人会感叹：这个评论的回复好犀利、好搞笑，或者好意外，然后大家都在该回复下留言发表意见。找到跟自己粉丝精准度相仿的抖音大号或者竞品的账号去引流并做评论，特别是他们的爆款视频。这个逻辑很简单，别人的大号肯定粉丝很多，这些粉丝也是自己想要的精准粉丝，但是怎么让这些粉丝知道自己呢？可以到这些科普大号的评论区互动一下，用很多小号把该评论顶上去，这样就有很多粉丝也看到了，可以来点评、互动。此时，会有一些粉丝通过头像进入到你的主页来，他们会发现，这个账号好像也是这些粉丝想关注的账号，所以这时候那些抖音大号的一部分流量也就被吸引过来了。

5.4.8 利用 @ 和 # 号获取粉丝

发布标题的时候要运用"@"和"#"符号。@ 的作用是通知给某人，比如 @ 给了某个明星或者某个官方大 V 账号等。说不定就会得到明星的互动，这样你的流量就会大增。如果 @ 给了抖音的官方号，可能抖音就会人工提取你的信息并帮忙推流。流量起来后账号的关注度自然会提高。# 的作用是搜索某关键词，多去设置一些长尾关键词，设置得越多，别人搜索关键词时就会越容易搜索到你的作品。

5.5 通过数据分析管理短视频账号

数据管理是做好短视频非常重要的一个环节。很多人没有这种意识，甚至不知道去哪里采集数据，更不要说分析数据了。如果不做数据分析，就没有办法向更优秀的同行学习，很容易出现闭门造车的情况。接下来介绍如何用数据来管理短视频内容。

5.5.1 行业数据查询

有很多实用的平台可以进行数据查询，比如飞瓜数据、抖大大和卡思数据等。大家可以在网页中搜索"卡思数据"，登录其官网进行查询。在卡思数据账号上可以查看自己账号的信息。如果自己当前的粉丝比较少，权重也比较低，暂时还不会被录入卡思数据里面。在卡思数据上面还可以查看行业内优质短视频作者的相关数据。通过数据查询可以获取以下的信息。

（1）了解账号的健康指数。
（2）查看账号的活跃指数。
（3）查看用户性别占比。
（4）查看行业榜单（蓝 V 涨粉榜单，热门榜单以及音乐榜单）。

在榜单里可以了解同行大咖的动态，搜索同行业内的优质作者，了解抖音大号的实时动态。在抖音主页面也可以搜索关于热门、音乐等一系列的内容。

下面我们以"代古拉 K"为例，在卡思数据网站查询一下她的数据。
（1）用自己的手机（微信或抖音等）扫描网站二维码登录。
（2）在达人搜索栏搜索"代古拉 K"，就会显示出你要找的网红"代古拉 K"，如图 5-8 所示。

图 5-8　搜索达人

（3）卡思数据里面有很多相同的名字，你可以筛选，如图 5-9 所示。

图 5-9　选择要找的网红

（4）点击"代古拉 K"的账号，可以进入到数据页面进行查询，如图 5-10 所示。

图 5-10　数据查询

（5）卡思数据里面有些数据是需要升级成高级用户才能够查看的，比如用户画像，如图 5-11 所示。

图 5-11　用户画像查询

（6）你可以查看一些基本的数据，包括该账号最近的动态以及作品点赞数。通过这些可以分析出很多内容，如图 5-12 所示。

图 5-12　近期作品动态及数据

5.5.2　自身数据查询

当了解了如何选择数据分析工具之后，还一定要了解自身账号的数据统计，利用数据变化进行运营、复盘，以及查找内容创作的规律。创作初期，可以重点关注以下三个数据：第一个数据是视频上传之后涨了多少粉丝；第二个数据是评论数，评论代表了用户的参与度、黏度和改进方向；第三个数据是点赞数，代表用户的认可和喜爱程度。图 5-13 所示是最近 10 个视频的数据表现。

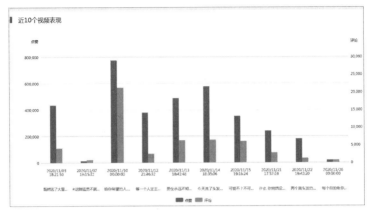

图 5-13　近期视频数据表现

在页面里还能够查询到粉丝趋势和点赞趋势，如图 5-14 所示。

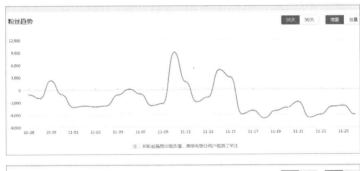

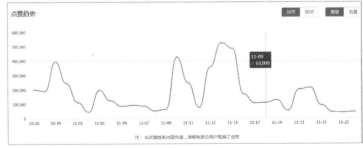

图 5-14　粉丝和点赞趋势

这些数据能够从侧面反映出最近一段时间用户的趋势和个人的运营成果，以便及时调整方向。

要养成记录这三个数据的习惯,每上传一个视频都要查看涨粉、点赞和评论的数据,每十个视频做一次大总结。一般建议前期测试时要一次拍满十个作品,然后将作品放在市场中检验。

5.6 矩阵式布局

如何让自己制作的短视频发挥最大的价值是所有人都需要考虑的问题,下面介绍用矩阵布局的方式做短视频运营。矩阵布局的优势是节约时间和经济成本,因为拍摄视频是需要花费时间和精力的,能够多平台或者多账号操作,不仅可以增加个性化内容的曝光度,还可以让账号与账号之间有连接,实现粉丝互通,形成商业价值最大化。每个平台的属性都不同,但是所有平台都希望有更多优质的内容加入。单视频多渠道吸粉,会有更多机会被别人看到,流量池也会汇集不同的渠道。

5.6.1 单一平台矩阵布局

下面介绍矩阵方法。抖音、快手、抖音火山版等都是新人要入驻的平台,其中抖音和快手是流量较多的两个平台,这些平台的影响力都比较大,所以专业做短视频的用户都应该使用矩阵方法布局。

这里介绍五种矩阵布局方法,这些方法都来源于不同的用户在平台上的成功经验。

1. MCN 矩阵

首先科普一下什么是 MCN,MCN 就是网红包装公司,一个公司旗下有很多个网红,通过集团公司的方式运营这些网红账号。比如鼎鼎大名的洋葱集团就是一个MCN。洋葱旗下签约的网红很多都是粉丝过千万的现象级别账号,他们会批量地生产内容然后由网红来呈现。个人无法这么操作。他们这种矩阵方式虽然会有部分粉丝重合,但是当商家要打广告时,MCN 更有定价权。图 5-15 所示为同一家 MCN 的网红账号。

2. 个人矩阵

个人矩阵就是几个人一起打造矩阵。他们每个人都拥有自己的账号,短视频拍摄也是有计划地进行的。图 5-16 所示的两个账号,他们的短视频故事主要是闺蜜剧情,场景是在都市,用这样一套模板在各个账号之间互相导粉,累积矩阵,目前已经累积了 300 多万的粉丝。这就是个人矩阵模式。如果认识其中的一个人就很容易认识他们一群人,这种矩阵账号粉丝的重合率是非常高的。

图 5-15 MCN 矩阵账号

图 5-16 个人矩阵账号

这里再举个例子,抖音上有个叫"张总"的账号,专门做商业培训,在全网应该有百余个他的个人小号,可以说完全"霸屏"。整个抖音只要稍微跟创业和营销有关,无论怎么刷都不会绕过这个人。他的主号达到了几百万粉丝量,再涨就不容易了,此时就要多多开设小号,若每个小号都是一两万粉丝,全网加起来也算是千万级别的大咖了。

3. 亲情矩阵

亲情矩阵在平台上也很常见,在抖音上亲情矩阵的趋势越来越明显。图 5-17 所示的这两个账号就是亲情账号。一个人"火"了之后,观众就会好奇他的老婆是什么样的人,结果他老婆的账号也被关联起来。虽然夫妻两人有不同的账号,但两个人形成一个大的个性化人设,更有号召力。这个短视频的矩阵账号粉丝虽然重合率很高,但观众能够在关联账号里面良好地互动。

图 5-17 家庭矩阵账号

4. 类目矩阵

在一个细分类目中批量注册账号,这就是类目矩阵。比如做平面设计培训类目的制作者,可以一个人同时培养很多个性化账号,如图 5-18 所示。类目矩阵的优势在于,可以运用抖音的流量机制,让每个账号进入不同的流量池,大大增加上热门的概率。这种类目矩阵从开始的策划、脚本制作和文案执行,都是统一化的,这样可以减少制作成本。

图 5-18　类目矩阵账号

5. 品牌矩阵

品牌矩阵就是一家公司对自己的各类产品分别打造个性化账号,然后用关联的方式扩大影响力。华为和海信是较早建立品牌矩阵的公司,他们将粉丝积累起来,用短视频的方式进行再次营销,比如为粉丝提供手机使用技巧等。通过不同的维度建立矩阵号,成为企业品牌流量宣传的阵地,如图 5-19 所示。

第 5 章 短视频运营实操

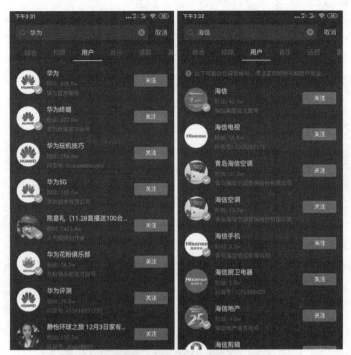

图 5-19 品牌矩阵账号

短视频矩阵布局可以让制作出来的短视频多一个吸粉渠道，从某种意义上讲，改变了以前做单个账号、单个渠道投放的分发机制，使作者可以在相同的时间内，在精力允许的情况下获取更多的流量。

5.6.2 多平台矩阵布局

在抖音等主流平台之外还要做全网的短视频的内容分发，对外进行矩阵布局，这样做的目的如下。

首先，让优质的内容进行全网曝光和延伸，只要有流量的地方都可以去分发布局。其次，是一劳永逸地产生价值，也就是说，生产了一个视频之后，可以去西瓜视频、小红书、美拍或者微博和微信分发，只要能带来流量，都是值得的。

分发时首先要考虑符合作品调性的平台，比如西瓜视频、微视、抖音火山版、美拍、秒拍、小红书这种平台。其次还可以去资讯与视频类的平台，比如腾讯视频、搜狐视频、爱奇艺、优酷、土豆等。这里要注意的是，不要仅仅进行简单地分发，还要做一些细节上的调整。要确保内容优质，因为不同平台的特点不一样，还要找到平台的运营规则。举个例子，小红书上都是生活类的内容，如果分发了一个英语培训、人生哲理或心灵鸡汤，可能就没什么人看，甚至不如不发。所以，必须找到跟账号定位相符的平台，再去分发短视频。有的平台刚刚起步，需要包装一些红人，这个时候可以与这些平台重点合作。平台需要优质的内容创作者，如果刚好赶上平台有这种需求，就很容易促使平台把流量都推到某个创作者头上。在抖音上可能是个小人物，但是在某个新兴平台上有可能成为一个超级个性化用户。所以在分发短视频的时候要清楚可以跟哪些平台重点合作，然后尝试申请该平台官方推荐的资源。

5.6.3 粉丝导流矩阵布局

当清楚了所有的账号应该如何布局，以及短视频的矩阵方法后，接下来就要了解如何互相导流才能做到价值最大化。

1. 在标题和描述区中 @ 其他账号

在标题或描述区中 @ 其他成员进行导流，可以 @ 矩阵账号，也可以 @ 某个个人账号，如图 5-20 所示。这样做的目的是引发别人关注，引发互动。

图 5-20　@ 对方引发互动和关注

2. 两人合拍

两个账号可以合拍 15 秒以下的视频，这样，两个账号的粉丝就可以相互导流，这是一种很常见的导流方式，如图 5-21 所示。

3. 评论区导流

可以在评论区里面 @ 某个人，这样做的目的是让粉丝观看评论时关注其他账号。可以自己做一个粉丝号，然后站在粉丝的角度去发评论。这么做有两个目的：第一个目的是用这个粉丝号来撬动其他粉丝的热情，促使这些粉丝进行高转化和裂变；第二个目的是站在用户立场进行产品推荐，并与主账号互动，带动路人和粉丝围观。比如明星会有"全球后援团""粉丝后援团"等，这些后援团背后的带头者，其实并不一定是真正的从粉丝里选拔出来的人，有可能是经纪公司有意安排的工作人员。

在某种情况下，可以借用这种娱乐圈的人设打造法做一个同类的粉丝号，时不时地在评论区发一些代表粉丝视角的内容来营造氛围。粉丝在你的账号下面看到评论，也许会进到粉丝号的主页里，再次关注这个粉丝号，而该粉丝号相当于在做人群的分层和筛选，也可以在这个账号上做一些变现运营。

图 5-21　合拍视频

4. 山寨导流

小号的作用是扮演活跃粉丝，扮演铁粉，或者是扮演官方主号下面的一个客服小号。可以去评论区发评论，活跃评论区。也可以去发布"神回复"，通过一问一答来透露出一些关键信息，而这些信息可以包括微信号、电话号码或广告等。要尽量把这个评论信息置顶，让更多真正的用户看到。

要明确不同账号的价值和功能，以便通过多种类型的账号进行连环评论。例如你发了一个视频，然后让粉丝号做一个评论，评论完让小号去跟粉丝们互动，再安排几个小号凑热闹，让别人感觉参与这个讨论的人比较多。这么一套组合拳打下来，目的就是让用户看到这条视频很火，有很多人点赞和评论，吸引更多用户互动，同时也可以规避抖音不允许留下过多引流信息的规则。

第 6 章 微信视频号概述

在微信视频号诞生之前的几年中,腾讯发布了很多短视频产品,大部分都没什么影响力。而腾讯作为互联网流量公司,是不能缺席短视频这个赛场的。在抖音、快手、微博、小红书等都成功成为短视频赛场的主流平台之后,腾讯在短视频领域的短板越来越突出,必须要解决。微信视频号因此应运而生,体现了腾讯想借助微信生态的巨大流量再一次突围短视频领域的意愿。

6.1 视频号的平台特征

相对公众号而言,微信视频号是一个人人可以创作短视频的载体。因为不是每个人都会写文章,所以腾讯一直致力于微信的短内容制作功能的开发。表达是每个人天然的需求,微信视频号作为内容的载体,弥补了微信短视频方面的缺失,现在人人都可以利用微信视频号创作内容了。

微信视频号是微信对过去几年忽略短视频创作方面的战略性调整,微信一定会投入大量的资源和资金进行推广微信视频号。微信视频号的入口直接设置在微信"发现"菜单里,位置醒目,如图 6-1 所示。

腾讯旗下的另一款短视频创作平台"微视",到目前仅有将视频转发到微信朋友圈的功能。而微信视频号除了有简易的入口之外,还在项目启

图 6-1 视频号设置

动初期邀约了不少明星大号入驻，且规则设计严谨。微信视频号对内容搬运行为、低俗内容的监管力度也比其他平台大，这说明微信希望能引导视频号走良性发展的道路。

作为拥有亿级用户的微信生态圈，推出任何一款战略级产品都不会缺流量。只要能够吸引和留住用户，就能形成巨大的生态，带来新的流量红利，这同时也是创作者的福音。

6.1.1　视频号是私域流量的短视频平台

视频号打通了微信生态的社交公域流量闭环，微信生态过去也能在朋友圈发小视频，但这些内容仅限于你的朋友圈好友能够观看，这就是所谓的"私域流量"。而视频号则意味着微信平台能提供将短视频发布到"扩散朋友圈＋微信群＋个人号"的功能，使每个人的短视频内容能被更多人看到，从而打破了微信过去无法扩散短视频的限制。我们只需要把自己的短视频内容同步发布到视频号，就可以在微信生态里传播和流传，这是一个新的流量传播渠道。

视频号一开始就有转发微信公众号文章链接的功能，意味着通过视频号带货的通道已经打开了，只需要在视频号内容中引导大家点击关联的微信公号链接，用户就可以在微信公号里面推荐产品和服务，形成一个完整的商业闭环。

目前视频号还可以关联微信小程序，通过小程序马上下单，快速形成变现渠道。对于有足够粉丝的号主，还可以通过导入腾讯直播加速转化变现，然后把粉丝沉淀在企业微信中。

目前，微信生态已经打通了"视频号＋微信公号＋微信小程序＋微信直播＋企业微信"的闭环，腾讯已经形成了具有强大竞争力的社交电商新渠道。

6.1.2　坐拥微信亿级用户量的视频号

微信视频号于2020年初正式开启内测，它是微信的短视频创作平台，也是一个了解他人、了解世界的窗口。微信视频号被誉为新的流量风口，在前期测试期间，自媒体大V、网红博主关键意见领袖、企业机构和明星等各类群体代表人物都已被邀请开启了视频号，为视频号吸引了不少围观者。有很多业内人士称，以前没赶上抖音和快手，现在是抓住视频号流量红利的时候了。

坐拥微信亿级用户量的视频号，分到的流量红利有多大呢？从第三方监测公司发出的微信视频号粉丝头榜排名来看，视频号显然还没有达到业内人士对它的期待。可以看到，暂时位于第一的李子柒仅拥有不到40万人的粉丝（2020年12月统计）。

由此可见，微信视频号目前仍处于开发阶段，全部放开后，粉丝数量还会不断增加。用户的增长在于拉新，这里的"拉新"不妨圈定在微信这个生态圈中。视频号如何在数以亿计的微信用户中吸引到第一批粉丝，成为视频号的忠诚用户，这应该是视频号第一个需要攻克的难关。

视频号是微信首个可以集中调配流量，运用推荐机制的产品。这个功能对于用户拉新和重点推荐优质内容有很大的帮助，也是微信第一次尝试使用算法推荐这一功能的产品，但具体的推荐模型和算法还在不断地完善中。

6.1.3 视频号具有优质内容的生态

决定粉丝的增长因素还在于留住现有用户，这不仅是视频号创作者需要解决的问题，也是视频号面临的一大难关。这也是视频号测试期之所以这么长的原因，视频号和用户、创作者还需要一段磨合期。

视频号和其他短视频平台相比，其内容和抖音、快手甚至微信订阅号的风格大体相同。主要有以下几种：娱乐搞笑的生活片段、有价值的知识信息、时效性强的新闻等。在内容上，大家差别甚小，甚至有的内容创作只是简单地"搬运"，但无论是内容时长还是画质，或者后期剪辑，视频号目前的整体风格都偏向于粗糙，观看体验一般。

视频号的个性化推荐机制算法是建立在个人订阅基础上的，这与抖音和快手的推荐机制算法类似。

从官方的介绍可以看出，推荐机制目前主要有两种。

（1）社交推荐（主动扩散到微信群或朋友圈）。

（2）个性化推荐（通过分析用户标签来进行内容匹配推荐）。

要想打造爆款内容，必须了解微信视频号的以下算法。

（1）推送算法：微信视频号怎样选择内容推送给潜在受众？

（2）推荐算法：微信视频号选择推荐哪些内容给更多人？

（3）审核算法：微信视频号如何判断内容违规？

笔者根据近期使用体验，将视频号推荐机制归纳为以下 3 步。

（1）当视频号作者发布内容后，会首先推给已关注视频号的好友用户，如果该好友不感兴趣，则不会触发推荐机制，该视频仅获得一次浏览流量。

（2）如果该好友感兴趣，并且对视频进行了互动或评论，则会触发推荐机制，当有多位好友共同评论时，该内容被推荐概率会更高。

（3）经常联系聊天互动的好友频繁关注浏览该视频号也会被推荐给好友，以此循环，基于熟人社交的次级关系产生裂变。

以下是获得权重的规则。
(1) 建群点赞打卡模式基本无效。
(2) 一个身份证下微信群发系统只会计算一次。
(3) 真实点赞率高的视频会得到推送。
(4) 优质视频会通过社交关系推荐给陌生人。
(5) 优质内容会被反复推荐给新人。

表 6-1 为视频号与其他平台的内容和属性对比。

表 6-1 视频号与其他平台的对比

平台	公众号	视频号
内容	图片/文字/视频	视频
互动	留言上墙,无法互评	可直接留言、评论
平台	朋友圈视频	视频号
位置	发现-朋友圈	发现-视频号
范围	朋友们发的内容	全国人均可以看到
平台	抖音	视频号
内容	短视频	短视频+图片+文字
引导关注	上传者名称下方	进入上传者主页才能看到
观看方式	全屏沉浸式	全屏沉浸+互动观看
平台	微博	视频号
内容	图文/长文章/短视频	短视频+图片+文字
引导关注	上传者名称旁边	进入上传者主页才能看到
互动方式	转发/评论/点赞	转发/评论/点赞/收藏

视频号主要以推荐机制和审核机制来提升原创比例,大力支持创作者在视频号首发原创内容。表 6-2 为视频号与抖音和快手的相关数据对比。

表 6-2 视频号与抖音和快手的相关数据对比

属性	视频号	抖音	快手
平台定位	人人都可以创作和记录的平台	短视频平台,强运营,注重打造爆款	社交+平台,重视私域流量
用户规模	12亿微信用户	6亿+日活跃用户	5亿+日活用户
流量来源	微信平台流量	自身及外部流量	自身及外部流量

续表

属性	视频号	抖音	快手
内容类型	资讯、知识、娱乐等内容	娱乐、剧场、生活等内容	生活、趣味、搞笑、猎奇等内容
推荐机制	社交、互动评论、点赞、兴趣	智能分发：用户兴趣标签，播放量（完播率），点赞量，评论量，转发量	内容推荐基于时间线而非内容关注，重视用户和创作者以及社区之间的黏性

平台是根据内容来留住用户的，增加用户的黏性主要还是靠内容。如果想要留住用户，增强用户的黏性，优质的内容创作和差异化的内容创作十分关键。对后入场的视频号来说，打造一个好的内容生态是平台生存下去的底线。

6.1.4 具有微信生态的视频号

视频号除了可发布时长在 60 秒之内的视频以外，还可以发布带有文章链接的内容，为公众号引流，提升内容在微信内部的流动率。这种形式或将改变微信内部的信息流动方向。将公众号由单向分发变为多向传播，大家可以根据自己的需求随性创作。

视频号还可以作为连接微信与其他独立 App 的桥梁，比如公众号、小程序和微信圈子、微信商城（京东、拼多多）等，可以实现其他短视频平台无法做到的营销生态闭环。品牌主将用户沉淀到私域流量的机会会得到大大提升。相对于其他平台，引流折损更低，这也是吸引众多品牌主、个人创作者入局视频号的因素之一。

对大多数围观者或者尝鲜者而言，尝试一个新的渠道形式已经不重要，大家看重的都是视频号背后的微信生态。

6.1.5 视频号是短视频时代的终结者

提到 5G，我们大概可以想到物联网、云计算、人工智能或虚拟现实等，当然较受瞩目的还少不了短视频。短视频的蓬勃发展，离不开移动互联网的广泛普及。5G 技术的普及将让移动传播迎来新的变革和技术红利期，为短视频内容创作开辟新空间，中国传媒的整体业态格局也将发生变革。

从技术发展层面看，技术的突破与发展推动了短视频的发展。5G 将以更低的延迟、更快的网络传输速率和更优惠的使用费用将极大地推动短视频业务的新一轮爆发。当然，5G 的妙处并不仅仅是让通道变宽、让网速加快那么简单，5G 将是一种全新的网络，将万物以最优的方式连接起来。如果短视频行业与这种全新的移动技术优势很好地衔接起来，有望创造出全新的商业模式。

随着 5G 时代的来临，搜索也会进入视频化时代。近两年，随着短视频平台的用户和内容需求急速增长，传统短视频内容的制作和产出流程逐渐出现瓶颈，当硬件和软件越来越智能化，短视频行业在 5G 技术的赋能之下，将带动整个行业向更高处攀援。

微信是中文世界中非常庞大的内容生态平台，当它把短视频这种表现工具全面接入之后，吸引了原有的内容生产者和消费者迅速接纳、学习这种工具，巨大的红利机遇引发的造富运动，会激发人们把这个工具运用得淋漓尽致。可以说，视频号就像一个大熔炉，把微信生态原来沉淀和未来将产生的内容，融成短视频这种大家更加喜欢的内容岩浆，随着 5G 技术的成熟，将会迎来大喷发。

6.1.6 处于红利期的视频号

腾讯推出了视频号，弥补了微信在短视频领域的缺失。视频号必然是一块大蛋糕，菜单给出的是高级入口，和朋友圈具有同等级别，这说明微信是将视频号当作战略级产品对待的。如果你错过了抖音、快手等的红利期，一定要牢牢把握住视频号的红利与未来。

1. 何谓"红利期"

所谓红利期，指的是一种新事物出现之后所经历的福利增长期。说得简单一点，视频号这个新平台很公平，人人都有机会，新机遇就意味着利益的重新分配。视频号本身属于微信这个流量巨池中的一员，私域流量非常大，是引流和变现的最佳利器之一，它现在正处于红利期。

2. 抢占先机很重要

在视频号是一个新的领域，人人都可以参与，人人都有可能成功做起来，也是低成本运营的最佳平台之一。微信视频号现在还处于发展阶段，这恰恰是创作者入驻的绝佳时期。

6.2 视频号的产品策略和平台定位

我们知道，网络上所有的设备都必须有一个独一无二的 IP 地址。现在网络的发展赋予了 IP 这个概念很多新的含义，比如它可以是一类人、一种品牌符号或者一种价值观的代表。

6.2.1 视频号的产品策略

在互联网时代，每个人都需要有个人品牌。我们需要打造自己的影响力，因为"展现个人"的时代到了。这是个人 IP 被提出来的时代背景，没有微信和互联网，不以人为中心，就没有个人 IP。打造个人 IP，也就是确立人物定位，强化个人优质标签，让客户在有特定商业需求的时候优先想到你。个人 IP 的好处有如下几个方面。

1. 降低陌生人了解你的成本

如果你有了个人 IP，首先，人们更容易率先对你完成认知过程，帮助你高效积累粉丝，丰富自己的客户资源，提升商业价值。没有 IP 的人，别人了解你就需要花费更多时间、精力和金钱。

2. 增加客户对你的信任

个人 IP 可以帮助你更容易获得别人的信任，赢得更多的合作机会。商业交易活动就是建立在信任的基础上的，如果缺乏个人 IP 的塑造，那么很难让别人信任你。

3. 拥有更多的话语权，聚焦个人影响力

话不在于对与错，而在于谁说。你有了 IP 品牌，说话大家就愿意听，也愿意相信，这就是价值。今天的互联网时代竞争其实就是 IP 的竞争。如果个人的 IP 运营得当的话，个人价值可能会转化成品牌价值，品牌价值慢慢凸显之后又会反过来烘托个人价值，品牌价值和个人价值在未来的发展过程中将会相辅相成，提升个人的影响力。

4. 可以将个人爱好变成赚钱的工作

工作不再是为了工作而去工作，是因为有兴趣才会有动力去工作。

6.2.2 视频号的平台定位

视频号是腾讯最新推出的短视频产品，是微信生态战略级的产品，坐拥微信数亿流量用户，无须跨平台交流，极大地降低了用户的使用成本。能够实现公域流量与私域流量的叠加，这也是视频号区别于其他短视频平台的重大优势。图 6-2 为私域流量和公域流量的对比。

图 6-2 私域流量和公域流量的对比

视频号的优势有以下几个方面：

1. 内容优势：人人皆可创作，普通人仍有机会

视频号是一个人人都可以记录和创作的平台，是一个全新的内容创作平台，适合普通人参与。在内容上，视频号注重精致，不像其他短视频平台那样注重原生态。视频号是一个超级社交名片，能够通过好友观看、点赞、转发等方式扩大社交圈子，吸引更多人的点击观看。

2. 平台价值观：去中心化

视频号重视真实、有趣、专业的作品，与有些短视频平台那些华丽的包装外壳相比，更加注重内在的真实表达，加上微信的社交互动属性，那些温情真实并且实用的内容更受视频号青睐。

3. 视频号推荐机制：强调公平

视频号推荐机制是"社交推荐＋个性化推荐"，并不是粉丝多视频播放数量和点赞就多。视频号更看重视频内容，内容要抓住用户的痛点，让用户得到他们所需要的内容。视频号还引导使用者去关注创作者，而不像有的平台那样沉浸式的体验。这让所有人都重新回到了起跑线，给了普通人更多公平的机会。

最后，我们不要将视频号简单地理解为只是短视频的创作和发布端口，而是要和微信已有的功能整合在一起，这样才能充分发挥微信视频号的优势。在未来，视频号一定会有更多的流量入口，为更多的普通视频创作者创造更多的红利。

6.3 初识视频号

视频号将成为中国的企业和品牌对外展示的新的"名片盒"，微信视频号将部分替代品牌官网的作用，对外展示企业的品牌。下面学习如何开通视频号。

6.3.1 如何在微信端开通视频号

下面介绍视频号的入口，以及如何注册视频号。

（1）打开微信的"发现"页面，进入"视频号"，如图6-3所示。

（2）找到视频号注册入口，点击右上角 按钮进入，如图6-4所示。

（3）进入实名注册页面，上传头像，填写名字（不超过10个汉字长度，一年仅有两次修改机会），填写简介（不超过400字），选择性别、地区，最后点击 按钮完成注册，如图6-5所示。

图 6-3 视频号入口

图 6-4 视频号注册入口

（4）注册完成后即可点击 ◯ 按钮发布视频内容了，如图 6-6 所示。

图 6-5 实名注册页面

图 6-6 发布视频页面

6.3.2 个人视频号的内容定位

视频号短视频选题的方向，可以参照微博、抖音和快手等平台上优秀上传者的内容，在第一时间把它创作成自己视频号上的内容（但不能照抄），以这种抓新的方式作为创作风口，如图6-7所示。

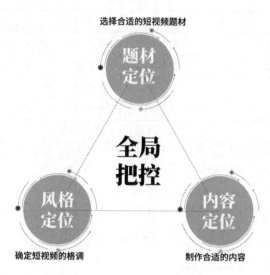

图6-7 短视频内容定位

视频号内容定位有以下两个关键点。

1. 创作什么样的视频内容

选择自己擅长的领域或有兴趣爱好的方向。在决定了做哪个领域之后，要立刻去数据平台拆解对应领域的类目，一定不能反复换领域，否则最终会一事无成。参考同行的账号，做竞品分析，从账号内容的优缺点来分析同行的优缺点，借鉴他们做得好的地方，不断优化自己的账号内容。注意不要光顾着分析竞品视频，一个优秀的视频创作者，还得会分析用户的习惯，形成自己的特色。要总结哪些时段的流量好，减少自己的试错时间，不断优化自己的内容。

2. 传递什么价值

这里的价值一定是正能量的，符合现代社会的价值观。你的视频内容带给观众的不能是过眼烟云，不能让用户看完之后没有什么实际收获。视频内容应该流露出某些个人或者时代的价值，视频带给用户的价值才是视频内容的"灵魂"所在。

6.3.3 视频号的制作规范

视频号内容的发布要符合平台规则，否则将会被处罚甚至封号。具体要求如下。

（1）主页不可有诱导违规的内容。表 6-3 为主页内容易犯的错误。

表 6-3　主页内容易犯的错误

主页内容易犯的四点错误		
1	个人简介	不可以有导流到其他平台的嫌疑
2	用户昵称	不可以夸大引起资质质疑
3	头像	不可以上传导流违规的头像
4	主页封面	不可以有导流到其他平台的文字或图像

（2）发布的内容不可有导流操作。比如在视频里放其他平台的二维码，诱导观众关注你的其他平台账号等。

（3）内容不可以有各种不好预测的敏感词。

（4）短时间内频繁评论、点赞会被官方系统禁言甚至封号，如图 6-8 所示。

图 6-8　系统通知页面

（5）文案、图片不可有诱导导流操作，含有下载某软件、注册、登录某邮箱等敏感词都会被限流。

（6）视频素材含有版权的商标或者图标都会被限制传播。

（7）视频素材引用了政治人物的图片。

（8）在视频号背景或者字幕中存在各种诱导关注、评论、点赞的，均会被屏蔽。

（9）平台鼓励原创内容，抄袭或者搬运他人视频的会被举报。表 6-4 为视频号后台部分的违规引导操作。

表 6-4 视频号后台部分的违规引导操作

	视频号后台部分的违规引导操作	
1	恶意注册账号	批量注册、虚假信息注册、买卖视频号，封杀
2	诱导用户	胁迫、煽动、诱导用户分享、关注、点赞、评论等
3	刷播放量	封禁
4	骚扰他人	批量发送骚扰信息或垃圾信息
5	侵犯知识产权	抄袭和搬运他人作品，重者直接封号
6	泄露他人隐私	未经授权发布他人身份证、联系方式、地址等隐私的
7	发布不实信息	没有事实依据，罔顾事实，隐瞒真相信息
8	误导类信息	标题含有脏话，危害人身安全，惊悚，极端内容等话语
9	损害青少年身心健康的	校园欺凌、未成年饮酒、吸烟、吸毒、弃学、打架斗殴等
10	令人极度恐慌的	不可出现人或动物自杀、自残、被杀等极度不适内容

6.3.4 视频号的主页内容

俗话说："人靠衣装美靠靓装"。正式输出视频号的优质内容之前，不妨多花些心思包装好你的视频号，打造"内外兼修"的视频号。

点击视频号主页右上角的"..."按钮，如图 6-9 所示。进入"设置"页面，可以进入名字、头像、性别、地区、简介等资料信息的设置界面，如图 6-10 所示。

图 6-9 视频号主页

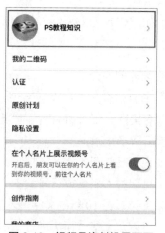

图 6-10 视频号资料设置页面

1. 视频号的昵称

一个好的昵称可以给粉丝留下深刻的印象,好的昵称需要具备以下几点要求。

(1)简单易记。

(2)避免重复,便于搜索。

(3)展现人设,突出定位。表 6-5 为视频号昵称起名参考。

表 6-5 视频号昵称起名参考

视频号昵称起名参考		
根据需求找方法	起名方法	案例
个人 IP/ 企业品牌	突出个人品牌昵称	李子柒、papi 酱
	突出兴趣	警花说、纽约酱
	突出专业	PS 教程知识、pr 小技巧
品牌宣传	突出产品或品牌	小米、光明日报
真名或笔名	大家能产生亲切感	房琪 kiki,所长林超

2. 视频号的头像

视频号头像不管是对个人还是对企业都是一个非常重要的象征。设置一个让粉丝一眼就能认出、有个人特色的头像会更加吸引别人关注。

(1)一般来说不建议经常更换头像,经常换头像不利于自身的推广。

(2)头像不能用明星头像,视频号是一个公众平台,用明星照片做头像相当于侵犯了肖像权。

(3)如果想走专业路线,建议头像选择不要太娱乐化,否则会影响你的品牌影响力。

3. 视频号的简介

简介不管对个人还是企业来说,都是非常重要的信息,也是陌生人了解你的一种重要信息渠道。那么如何写好简历就显得非常重要了。

视频号简历要点:

(1)视频号简历支持换行排版。

(2)可以插入表情或符号。

(3)支持超过 10 行的文字输入。

(4)可以放上优秀简历进行展示。

6.4　视频号的选题内容策划

在信息爆炸的时代，“爆款”一词的魔力巨大，好像蕴藏着无数能量，成为品牌竞相追逐的目标。

6.4.1　视频号的调性策划

想要做出具有热门潜质的短视频，不是看我们能够提供什么，而是看用户需要什么。抓住用户的痛点，产出用户喜欢的视频内容，才有可能成为爆款视频。

首先要了解你的受众用户。“清博指数”推出了微信视频号影响力指数，通过分析这些榜单数据可以为我们提供视频创作的方向，如图 6-11 和 6-12 所示。要清楚自己第一批要引爆的人是哪些人，挖掘他们的需求，找到能满足他们需求的特质。

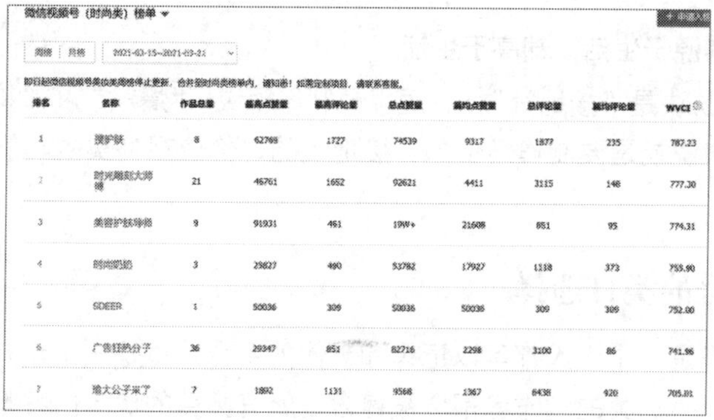

排名	名称	作品总数	最高点赞量	最高评论量	总点赞量	篇均点赞量	总评论量	篇均评论量	WVCI
1	搜护肤	8	62768	1727	74539	9317	1877	235	787.23
2	时光雕刻大师	21	46761	1652	92621	4411	3115	148	777.30
3	美容护肤导师	9	91931	461	19W+	21608	851	95	774.31
4	时尚奶奶	3	25827	490	53782	17927	1118	373	755.90
5	SDEER	1	50036	309	50036	50036	309	309	752.00
6	广告狂热分子	36	29347	851	82716	2298	3100	86	741.96
7	瑜大公子来了	7	1892	1131	9568	1367	6438	920	705.01

图 6-11　微信视频号影响力指数 1

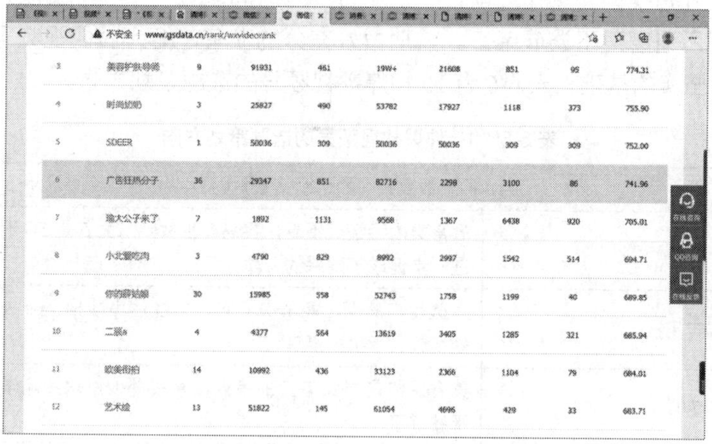

3	美容护肤导师	9	91831	461	19W+	21608	851	95	774.31
4	时尚奶奶	3	25827	490	53782	17927	1118	373	755.90
5	SDEER	1	50036	309	50036	50036	309	309	752.00
6	广告狂热分子	36	29347	851	82716	2298	3100	86	741.96
7	瑜大公子来了	7	1892	1131	9568	1367	6438	920	705.01
8	小北爱吃肉	3	4790	829	8992	2997	1542	514	694.71
9	你的薛姑娘	30	15985	558	52743	1758	1199	40	689.85
10	二叔a	4	4377	564	13619	3405	1285	321	685.94
11	欧美街拍	14	10992	436	33123	2366	1104	79	684.01
12	艺术绘	13	51822	145	61054	4696	429	33	683.71

图 6-12　微信视频号影响力指数 2

"爆款"视频的创作,基本上是围绕三点来完成的,这是个判断公式。简单来说就是理解人性、引发共鸣、源于生活。

1. 抓住社会痛点,尽可能还原现代人生活

抓住现代人的生活痛点,是打造"爆款"非常好的方法。春运、健身减肥、加班、催婚、脱发等这些困扰当代人的问题标签,都可以用来创作短视频的内容。

2. 引起观众的共情

共情即用户的观点和创作者的观点一致。达到共情,爆款的出现就指日可待了。找到爆点,或者说找到一个社会共鸣度才能决定"爆款"的影响力和生命力。要从情感出发,找到符合社会价值的价值观。实际上达到真正的"共情"并不容易,有时很容易沦为心灵鸡汤式的营销,令人厌烦。

3. 视频内容源于生活,却高于生活

"爆款"的秘诀是"接地气"。在短视频制作领域,"爆款"和"接地气"几乎是近义词。简单来说就是要制作通俗的、接地气的、价值观朴实的、能让观众明确理解的内容。

6.4.2 视频号的类目选择

微信视频号是一个人人都可以记录和创作的平台,也是一个全开放的平台。微信视频号希望所有品类的创作者都会被包含,所有类目的优质内容都能以平等的方式被用户发现,也希望每一个创作者都能公平地在视频号找到自己的创作空间。

在正式开始视频号创作之前,不妨花费一些时间调查一下当下受欢迎的视频优质类目,正所谓磨刀不误砍柴工。前期做好充分的准备,能为后面视频号内容的精细创作打下坚实的基础。表 6-6 为 10 种爆款视频号的选题策划方向。

表 6-6 10 种爆款视频号的选题策划方向

10 种爆款视频号的选题策划方向		
1	教育	教育类内容经久不衰,容易产生共鸣,尤其是 5G 时代的到来,进一步促成了网课的火爆
2	实用技巧	直戳用户痛点,能解决问题,如生活小妙招、ps 去水印、pr 剪辑视频、手机拍摄等
3	美食	美食始终是男女老少的最爱,看着都很过瘾,能学一两招的话那就更好了
4	科普	如结合当下热点"三孩政策""该不该打新冠疫苗"等

续表

10 种爆款视频号的选题策划方向		
5	社会热点	每天都有社会热点，但做这类内容一定要用正确的观点进行报道
6	猎奇	好奇是每个人的天性，善用人性是一种手段
7	健康	现在越来越多的人追求养生，健康是一个好的切入点
8	萌宠	萌宠的市场庞大，猫猫狗狗很可爱，让人无法抵抗
9	游戏	游戏解说，游戏录制，游戏技巧等均可以录制成视频后剪辑，做成精简版的游戏教程
10	拆箱测评	利用观众对产品的好奇，急于了解产品的性能，对产品折箱测评性能是一个巨大的市场

制作前还可以调查一下当下受欢迎的视频号主流类目，如表 6-7 所示。

表 6-7 受欢迎的视频号主流类目

视频号主流类目				
颜值	才艺	兴趣	教学	名人
小姐姐	舞蹈	健身	ps 教学	新闻人
帅哥	唱歌/弹琴	美妆	pr 剪辑	大V
萌宝	声优	摄影	母婴护理	明星
	魔术	游戏	英语教学	著名学者
	美术	旅拍	商业学	
	搞笑		乐器教学	
	手工		办公教学	
	美食		计算机考试	

6.4.3 视频号平台的游戏规则

想畅享视频号，分得视频号的一杯羹，一定要先明白该平台的底层逻辑和推荐算法机制。在此基础上才可以有针对性地契合平台，顺理成章地做出爆款视频。

平台的算法逻辑需要运营者自己去摸索。不同平台的属性和算法逻辑是不同的，怎样让自己的内容突出，让突出的内容被平台发现，被算法识别，这需要借助运营经验。只有让内容出圈才是关键！视频号的本质就是用私域流量撬动公域流量。

视频号的算法推荐主要有两种。

第一种是私域流量推荐。什么是私域流量呢？私域流量是相对而言的，指的是不用付费，可以在任意时间，不受频次限制，直接与用户连通的渠道，如自媒体、社群、自己的微信号等。

第二种是兴趣算法推荐。私域流量是基于社交朋友圈进行推荐的，可以看到朋友的点赞，熟悉他们的兴趣品味。在其他短视频平台，你只能看到你喜欢的内容，而在视频号，你能看到你社交朋友圈中的朋友喜欢的内容。打开视频号的起始页，就能看到朋友的点赞视频。所以，视频号的出圈不仅仅要靠优质的内容，还要靠精细化的运营。

总结来说，视频号的本质是私域流量撬动公域流量，最根本的问题不是谁入局早，而是谁明白这一算法逻辑，外加拥有第一波精准画像的私域流量，这才是关键。

6.4.4 视频号平台的审核机制

"裂变"一词来源于原子弹或核能发电厂的能量发生机制，就是"核裂变"。其原理就是用中子撞击原子后产生的一种链式反应。这种链式反应借用在营销上，就叫裂变式传播。如果一个传播活动能顺利走过裂变期，其业绩很可能会取得指数级增长，达到裂变式传播效果。

在视频号里面，用户点赞了某个视频，那么该用户微信上的所有好友都可以看到这条视频。如果该用户的好友也点赞了该视频，那么好友们微信上的所有好友也都可以看到这条视频。这种裂变是无限传播的，拥有很强的传播力。

微信的推荐算法主要有两种：一种是社交推荐，比如你的好友发布和点赞的内容，会优先推荐给你。另一种是系统推荐，系统会根据用户的日常行为、活动轨迹和兴趣、职业、年龄等标签，通过一系列算法，推测出用户可能喜欢的内容。视频号的推荐算法是基于微信的算法规则的，首先也是社交，然后是系统推荐，以社交推荐为主，系统推荐为辅。所以，视频号的运营，首先是基于社交推荐的运营，其次才考虑怎么获得系统推荐。

6.4.5 视频号内容的底层逻辑

增加用户量对视频号来说不是什么问题，但用户花在视频号上的时长很重要。现在最值钱的是什么？短视频行业疯狂竞争的目标是什么？应该是用户的时间，谁占据用户的时间更多，谁就更能成功。

无论哪个平台，都是以内容为王的，如果没有搜索场景的拓展和优质内容，就会大幅限制企业的增长空间，所以内容始终是重中之重。内容为王、爆款为王意味着将来没有用户会关心内容创作者是谁,用户也无需知道创作者是谁,虽然听起来扎心,但事实证明是这样的。

  视频号是内容创作的平台,优质的内容才是核心。内容的好坏,决定了用户能否观看,或者花多长时间来看。如果你的内容没有定位好、规划好,不但变现不了,而且会越做越累。要想真正地扎根视频号这个平台,优质、原创的内容必不可少,而且建议做垂直领域,内容垂直细分才能更容易吸引精准粉丝。如果你的视频在抖音、快手上大火,那么放到视频号上来,获得成功的概率也是很大的。同时要注意,搬运、抄袭,出现敏感词、营销等信息的视频在视频号里都会被当作违规内容而删除。

第 7 章
视频号运营技巧实操

当我们想要做出一个真正优质、火爆、受欢迎的短视频内容之前,我们最先要了解的是这些短视频火爆的根源是什么?我们必须清楚观众需要什么,只有洞悉了这些短视频火爆之后给观众带来了哪些东西,才能透彻地了解别人的短视频为什么能火。

7.1 视频号运营基础

要想在视频号成为一个有影响力的"网红",必须要对自己的账号有一个很明确的定位,同时也要明确账号上的粉丝有什么样的需求。只有牢牢抓住用户的需求,精准地吸引更多的粉丝,才能在后续的视频推送及变现过程中实现精准高效的转化。

7.1.1 找准顾客群

专注地做你喜欢的、擅长的、有资源的领域。做你热衷的事,会让你事半功倍。切勿贪多,各个领域都涉猎,不利于个人 IP 的塑造。现在,流量入口越来越多,门槛越来越低,越来越多的个人、企业、团队也更加重视视频号的营销,加入到短视频的行列里。现在的平台都给予用户极大的支持,加上制作技术越来越简单,而成本越来越低,时刻吸引着用户去行动,加入视频号。

我们在输出短视频时,不仅需要考虑自己的内容,还需要考虑用户想要得到什么样的信息和服务。例如一个实用教程账号,需要考虑所分享的知识对粉丝有没有帮助,所提供的课程是不是用户想要的,能不能解决用户的实际问题。如果你能解决问题或者提供有效信息,那说明你的服务就是有效的。

7.1.2 打造优秀的作品

优秀作品要求思想精深、艺术精湛、制作精良。

那些能够赢得广大观众喜爱、获得巨大市场价值的影视作品，无一不是坚守艺术品位、坚持正确的文化导向的精品佳作，而非哗众取宠、迎合流俗的糟粕。网络视频要做到文化自觉，与时代精神相协调，才能焕发出更大的活力，释放出更大的价值。

现在，短视频是新媒体产品的眼睛。短视频渐渐成为了互联网空间覆盖面最广、使用频率最高的新媒体产品。要坚持创作精品的态度，不浮躁、不跟风，只有将品质扎实的原创内容和生动活泼的表达形式有机结合，才能做好优质内容的输出。创作者要用打造产品的态度去输出内容，让每一条视频都有自己的内容逻辑。选题、标题、正文、结尾、引导词、视频简介的迭代和更新建立在数据上，数据的考核维度包括点赞、播放、阅读、评论、收藏、转发等。视频号的创作应该强化价值引领，坚决抵制低俗、庸俗、媚俗。不能仅仅追求爆款，而是应该在视频内容上多下功夫，这样视频号才有机会越走越远。

7.1.3 找准自己的特色

没有谁比你更了解你自己，认识和发掘自己原本的优势和学习能力，学习一些爆款账号的优势，充实自己的创意板块。从自身的角度出发找到适合你的领域，做自己擅长的，从简单入手，先增强自己的信心。

1. 用户视角：基于用户喜好

善于思考用户喜欢什么，我们可以看看热门，分析一下哪些内容能火，然后挑一个自己能做的领域来做。优秀的创作者大多是从用户的喜好出发，专注擅长领域，对自己擅长的垂直领域进行深挖，持续性输出内容。

2. 价值视角

要思考特定用户的痛点和需求，为用户解决问题，创作的内容要能给用户带来价值，牢牢抓住用户的心理，锁定他们的持续关注点。

7.1.4 选择擅长的领域

选择领域的时候，要选择自己喜欢的，自己擅长的，并且能够赚钱的领域。

那么赚钱的领域去哪里找？答案是在新榜中找，新榜中有各个领域的精细分类。

（1）文化：艺术、历史、读书、思想、小说等。

(2) 百科：讲解传递世间万物的百科原理或专注于某一知识领域。

(3) 健康：健康养生资讯、医疗行业情报等。

(4) 时尚：时尚潮流、名流生活、衣装搭配等。

(5) 美食：各地美食美酒推荐，美食制作菜谱。

(6) 乐活：与现代人的生活起居、爱好乐趣相关的事物，如户外、宠物、摄影、设计、收藏、家居等。

(7) 旅行：各地旅游信息推荐发布、游记等。

(8) 幽默：段子、笑话减压类内容。

(9) 情感：婚恋咨询、情感沟通、心灵感悟等。

(10) 体娱：体育、娱乐、明星八卦、影视资讯、网络游戏等。

(11) 美体：瘦身健身类资讯，美容、美发、护肤保养等。

(12) 文摘：转载、整合热门内容，无明确细分定位。

(13) 民生：民生政策、交通服务、吃喝玩乐、打折信息等。

(14) 财富：财经、产经、证券、理财。

(15) 科技：互联网事业发展、电脑手机软硬件资讯、大数据新兴科技技术等。

(16) 创业：管理、营销、电商等。

(17) 汽车：汽车资讯、车市情报、驾驶技巧、路况信息、违章查询等。

(18) 楼市：房地产企业、楼市情报分析等。

(19) 职场：职场技能、培训招聘等。

(20) 教育：母婴、亲子，高校、职业教育。

(21) 学术：学术动态、前沿课题、理论思考及研究等。

7.1.5 视频号的表现方式

微信时代以文章、图片形式表现情感内容，在视频号上则以视频的形式表现。视频号的内容呈现形式主要有以下几种。

1. 真人口述形式

一般采取的模式都是直接面对镜头，根据自己的生活经验或心得体会，针对人际交往、家庭、感情、处事态度等生活的多个侧面谈论自己的一番见解。而视频号用户也乐于对他们的这番情感感悟发表看法，有的会表示赞同，有的则会提出自己的观点。

除了这种直白的语录分享外，还有很多用其他形式表现的内容。比如"一禅小和尚"的视频是以动漫形式塑造了一个呆萌小和尚的形象，探索、解答人世间困扰普通大众的诸多疑问,其以治愈系为特性的情感基调很容易引发用户的心灵感应。

2. 音乐分享形式

表达形式更为直接的音乐类内容也一直深受用户的喜爱,尤其是各类老歌分享。分享的歌曲基本都是写实类歌曲,歌词平铺直叙,画面简单朴素,吸引特定人群的眼球。还有另外一种歌曲分享类型,这种类型的歌曲多种多样,面向人群更加广泛,每期都会围绕一个主题,并能结合影像资料的情境进行分享,给用户一种很强的代入感。

3. 情景剧形式

除了上述提到的两种类型外,还有一种被频繁刷到的内容类别是情景剧。情景剧制作成本高,对演员及场景要求高,门槛比较高,后期变现不稳定,如果在其他短视频平台的创作中有经验的可以尝试一下。

4. 视频剪辑类

这类内容不需要真人出镜,常用的剪辑素材有名人名言,或者"图片+特色文案",整体的制作较为简单。

7.2 吸引粉丝的关注

成功的个人IP应该具有一致性,能使人们感知到的你的外在形象和你的内在品质具有某种共同性,不会觉得生硬和突兀。角色定位可能由几个短语,也可能是一句话来呈现。确定角色定位之后,要自己在各个社交媒体注册的账号上,还有与用户的其他接触点位上呈现这种定位,让所有人感知。角色定位就像一家店铺的招牌一样。

7.2.1 风格统一

个人IP的打造,分为三个阶段。

(1)初级阶段。这个阶段的主要目的是寻找客户,方法要多,手段要多,效率要高,要符合现代发展趋势,要在各种各样的社交平台上寻找潜在的客户。

(2)运营社群阶段。这个阶段的你已经具备了一定的内涵与气场,能开始把不一样的一群人组织起来成为一个社群了。通过社群的高效率运作,复制出多个像你在初级阶段的群员。这时候,需要你具备一定的综合素质和综合能力。

(3) 成为个人超级 IP。一句话，就是需要权威的专业知识和丰富的实践经验，成为某领域的专家，成为真正能帮助用户成功的角色，用户会不请自来。

最重要的是做好第一阶段，利用透明的线上平台，利用网络社交工具，不仅要掌握传统的客户开发方法，还要迅速具备新型的客户开发能力，为第二阶段和第三阶段打下基础。以后，客户群体会比先前庞大得多，距离将不是拓展客户的障碍，能力才是障碍。

7.2.2 较好的内容

下面总结一下爆款视频号的主要特征。

1. 直白的内容更能刺激用户

很多高点赞率的内容都是直接地精准地刺激用户，往往直切主题，并利用情感、生活、人性等方面的特性激起用户的共鸣来吸引用户的关注，促使用户评论、转发和点赞。

2. 平民化的内容更加接地气

与其他短视频平台相比，视频号有一个显著的特点，那就是视频号的用户并不在意视频拍摄的精致程度，那些在其他平台制作精良的内容，视频号对其并不买账，出现在热门的概率也相对较低。相反，那些接地气、平民化的短视频反而更受用户的喜欢。

3. 能够切实满足用户的实际需求

"有用"似乎是视频号用户关心的重点，而有用涉及的范围又非常广泛，用户非常乐于在视频号中关注那些能够解决生活中的实际需求的内容，并乐于点赞和关注。

目前来看，最受用户喜爱的内容要么"有情"，要么"有用"。内容要和人性紧紧相连，是视频号区别于其他平台的特色所在。

7.3 获取流量

随着视频号的出现，越来越多的商家开始运营微信视频号，试图抓住风口的红利。下面我们就来学习一下微信视频号的运营都需要利用哪些流量渠道。

7.3.1 视频号的流量增长方式

（1）使用微信公众号平台。通过对关注公众号的用户群发消息，或者以发布公众号推文的方式进行引导，让关注公众号的粉丝去观看微信视频号的内容，达到引流的效果。

(2)线上商城也是微信视频号引流的方式之一。用户从线上商城进入到微信公众号中,通过观看商家发布的视频内容,提升对产品的了解,达到销售产品的目的。

(3)朋友圈也是微信视频号常用的推广渠道。将视频号发布的内容分享到朋友圈中,引导微信好友观看,促使微信好友成为商家视频号的粉丝。

(4)通过微信群运营粉丝。将视频号的内容直接分享到微信群,群好友直接在群中观看,促使其成为视频号的粉丝,为后期的变现做准备。

7.3.2 使用公众号进行传播

视频号基于社交进行传播,具有很强的公域性。公众号依靠订阅进行信息获取,兼具公域性和私域性。两者绑定,起到了相互推广的作用。

视频号可以携带公众号文章的链接,利用视频号的文章链接直接给公众号导流,同时公众号也分享视频号的相关文章。

打通视频号和公众号之间的渠道对视频创作者来说是一件非常有利的事,一键实现从公众号到视频号的引流能够让创作者更好地运营自己的私域流量。而打通视频号和公众号这个做法也让我们看到了微信生态中更加良性的发展趋势。

对视频号创作者来说,打通视频号和公众号不仅仅是内容生态的整合,还能更好地完成用户转化。

微信视频号和公众号的绑定操作如下。

(1)点击"发现"-"视频号"按钮,进入视频号页面,如图7-1所示。

(2)点击右上角 按钮,进入个人视频号,如图7-2所示。

图7-1 视频号入口

图7-2 个人视频号入口

(3)点击个人头像,进入个人视频号主页,如图 7-3 所示。

(4)点击主页右上角的"..."按钮,进入个人账号设置页面,如图 7-4 所示。

图 7-3　个人视频号头像　　　　　图 7-4　个人视频号设置入口

(5)点击最下面的"账号管理"按钮,如图 7-5 所示。

(6)点击"绑定的公众号"按钮,如图 7-6 所示。

图 7-5　账号管理入口　　　　　图 7-6　公众号设置入口

(7)点击"开始绑定"按钮,如图 7-7 所示。

(8)输入公众号 ID,点击"绑定"按钮,如图 7-8 所示。

第 7 章　视频号运营技巧实操

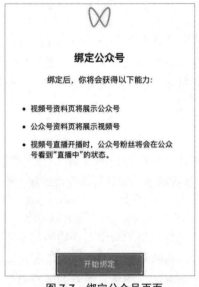

图 7-7　绑定公众号页面

图 7-8　公众号 ID 设置页面

一个视频号可以绑定多个公众号，并显示在这些公众号的资料页上，但视频号资料页只显示一个公众号。

（9）审核通过后，即可完成绑定。

绑定过程中的规则分两种。如果是企业 / 机构视频号，则视频号和公众号需要是相同的主体才可以绑定。如果是个人视频号，则视频号绑定的公众号无需同名，只要管理员相同，就可以绑定。

我们要利用好以短视频为代表的视频号和图文为代表的公众号，使它们相互融合，互为补充，打通微信生态的流量闭环。

7.4　视频号的矩阵布局

下面介绍一下用矩阵布局的方式运营视频号。如何让自己的短视频发挥最大的价值，是所有短视频制作者都要考虑的问题，这也是为何要用矩阵布局的方式运营视频号的原因。将一个视频在多平台投放，或者单平台多个账号操作，就是矩阵布局运营。这样做的好处是节约时间和经济成本。拍摄视频是需要花费时间和精力的，能够多平台或者多账号操作，可以增加 IP 的曝光度，让账号与账号之间有连接，粉丝互通，实现商业价值最大化。

7.4.1 企业微信粉丝矩阵布局

企业微信粉丝既有企业内部的员工，也有企业外部的用户。当企业微信延伸到企业外部的时候，会产生更大的价值。企业微信后续新的变化将基于新的理念——让每个员工都成为企业服务的窗口。用户既能从企业微信、企业公众号、企业朋友圈了解企业产品，也能从企业员工那里了解企业产品。

1. 企业微信——商务办公软件

企业微信服务于各个企业和组织，在好友上限、主（被）动加群、活码功能、群管理、数据等方面较个人号有优势。可也创造丰富的服务场景，如零售、教育或政务等。

2. 公众号——长内容的载体

公众号是品牌建设与内容营销变现的核心场地，是承载消费落地的前置环节。企业通过服务号、订阅号对外传播价值和内容，构建依托用户需求的内容矩阵，利用公众号打造用户专属的信息平台。公众号作为微信生态极其重要的组成部分，促使微信官方出台了大量保护和鼓励内容创作者的政策，并以此调整推荐机制，有益于内容创作者，但这也无形中增加了很多品牌公众号的运营难度。

3. 朋友圈——品牌方广告投放的主阵地

随着企业微信运营的体系化，越来越多的品牌方运用标签功能一对一地为客户打造专属的朋友圈风格，让用户靠近品牌、信任品牌，微信生态内的服务商们也在逐步帮助品牌方构建相关的运营体系。

想更好地运营企业微信，应更好地将企业微信与其他工具配合使用。在公众号上，可以挂企业微信的二维码，增加引流渠道；公众号发出文章后，企业微信可以发到企业群里或者群发给好友，提高阅读量；同时，也可以利用公众号文章给自己的企业微信做信任背书。企业微信朋友圈每天只能发一条，企业可以用群发、私聊来进行补充。

综上所述，如果想宣传好企业，必须要运营好企业微信，使企业微信有调性、有人情味、有粉丝，使产品有销量。要利用企业微信快速涨粉，利用公众号长图文加深用户对企业的认知和信任，吸引公域粉丝。

7.4.2 变现矩阵布局

用"腾讯直播 + 微信小程序 + 微信店铺"的方法进行矩阵布局是一种变现矩阵布局，这种布局会产生非常大的商业价值。我们看一下表 7-1 对几种视频号生态矩阵的分析对比。

表 7-1 视频号生态矩阵

序 号	矩 阵 内 容	
1	微信订阅号	视频号可以直接带订阅号链接，生态直接打通了
2	微信小程序	支持嵌入微信小程序链接
3	微信看点 - 微信小商店	网课直播，视频号发预告小视频，把流量带到直播间
4	微信朋友圈 + 微信群	干货视频一定要分享给朋友，扩散起来非常快

表 7-1 中所列示的视频号生态矩阵是视频号运营者一定要关注的。

1. 小程序直播

小程序是私域流量体系中的具有一定活跃度的应用和交易落地的载体，小程序支持全场景私域运营体系的搭建。大部分企业和商家，只关注私域流量的捕获和沉淀（很多商家不惜以五元、十元甚至几十元的成本，吸引老客户关注或者加好友），很少关注私域流量沉淀之后的活跃度运营，而小程序直播则很好地解决了私域流量沉淀之后的活跃度运营问题。

品牌商家可通过小程序直播功能触达微信生态里的上亿目标与潜在用户，实现在私域小程序里完成像在天猫、淘宝里的直播带货的目的，完成私域营销闭环。

2. 小程序商城

通过个人号、社群和小程序直播引流带来的最大价值就是转化变现，小程序商城就承载着用户、服务转化的重要使命。使用小程序直播系统的前提是商家或品牌要拥有自己的小程序商城，否则无法进行转化。

"直播 + 微信小程序 + 微信店铺"的布局，完善了视频号直播带货的功能，对视频号创作者来说又多了一个变现渠道。

7.4.3 视频号的引流实操

个人微信是流量的尽头，如何借助视频号给个人微信增粉、沉淀私域流量是我们重点关注的事情。下面介绍一下如何实现粉丝导流，实现价值最大化。

1. 账号简介引流

最早的视频号版本和抖音号一样，可以自定义个人背景图片，可以设置背景封面，留下个人微博、微信号、公众号进行导流，现在大家去看一些抖音号也是如此。但目前视频号背景图片已经取消了，只能在账号设置时在账号简介里面留下个人微信的联系方式。

在即将关注我们视频号的用户中,有一些人可能会去查看我们视频号的简介,只要我们视频号的内容有价值,用户就有可能通过简介中留下的微信账号添加我们。

2. 文案引流

每次发布一个新作品的时候,都要认真描述视频号的内容,可以直接在内容描述中留下微信账号或联系方式。在视频介绍中,还可以添加#话题和@自己关注的视频号,甚至可以在文案区留下自己的电话号码(最好把个人的微信信息放在最前面)。

3. 拓展链接引流

这是当前比较高效的视频号引流和成交方式。通过拓展链接引流需要注意以下三点。

(1)拓展链接的标题要具有引导性,要有手势符号和文字指引,比如:→加我微信,直接咨询。

(2)公众号文章里的引导信息要简单突出,比如直接展示个人微信号二维码,让想要加微信的用户可以直接扫码。

(3)公众号链接不要轻易更换,要选择一个阅读量较高的内容做链接,文章里面的评论最好也要做一些文案处理。

4. 评论引流

在朋友圈和推荐这两个视频流中,我们通常都能看到高点赞量、高评论量的视频,我们可以选择和我们用户群体类型相似的视频下方进行评论,实现截流。

从引流的角度来说,如果你去竞争对手的热门视频下留言,确实会大大增加曝光量,很可能会从对手那里截流一批竞争粉丝,这是一种比较有效的引流手段。

视频发布后,主动在自己的评论区留言,提前在评论区留下自己的联系方式,引导用户互动,强化信任关系。

5. 私信引流

在视频号上,会看到一些博主引导粉丝发送私信,从留言的关键词中获取资料,最后添加粉丝微信。

可以主动给关注你视频号的用户发送私信。每天主动向新增的好友发送技术性的关注话语,定期向一些还没有添加你微信的粉丝发送这些技术性的关注话语,还可以采用一些象"赠送福利干货"这样的技术性语言。

6. 视频号直播引流

视频号更新了连麦、直播红包、抽奖等功能。也正是这些功能的加持，使我们可以在直播中引导用户添加我们的微信。

当我们用视频号开启直播后，进入直播间的用户的微信好友也能在"朋友"这一栏视频流顶部看到我们直播间的入口。

视频号是微信生态重要的一环，成为了微信流量闭环的一部分。对私域流量来说，视频号是一个不可多得的、离私域流量最近的公域流量池。如果你想解决私域流量的瓶颈，布局视频号，增加粉丝量，实现变现，应该尝试一下上面的几个方法。

第 8 章
视频号的商业变现

本章我们重点介绍视频号的商业变现，短视频的商业变现是所有短视频内容创作者最关心的问题。我们会重点围绕短视频商业变现这一话题，重点介绍如何通过自己的短视频账号，发现属于自己的财富之路，以及在这条路上应该如何操作，才能快速获得回报，避免让自己少走弯路。

变现就是通过在微信小店陈列商品让粉丝购买商品。现在各个短视频平台几乎都有自己专属的电商平台。无论是在小红书、快手、抖音平台上，还是在西瓜视频平台上，用户都可以通过第三方电商平台陈列商品，或直接上传各类商品。

8.1 视频号的店铺变现

微信小店可以陈列商品，除了可以让用户平时主动光顾自己的小店之外，在自己直播的时候，还能及时推广其中的商品。在视频号，销售商品的门槛并不高，但是要想真正通过卖货来变现，其实是需要一定技巧的。

8.1.1 微信小店的开通

微信小店申请开通需要两个条件，首先微信号必须是已获得认证的微信服务号，其次是微信号已经接入微信支付功能。具备了上述这两个条件之后，即可在微信公众平台服务中心申请开通微信小店功能。

费用方面，微信支付需要保证金 2 万元人民币，微信认证一次 300 元人民币，不通过需要再次缴费认证。

申请开通微信小店的程序如下。

(1)在微信搜索框中输入"小商店助手",如图 8-1 所示。进入开店页面,点击"免费开店"按钮,如已开店,直接点击"进入我的店"按钮,如图 8-2 所示。

图 8-1　微信搜索框　　　　　图 8-2　微信小店开通入口

(2)根据需求选择小商店类型,勾选"微信小商店开店须知"复选框,点击"下一步"按钮便开店成功,此时会显示"小商店已开通"的页面,如图 8-3 所示。

图 8-3　开店成功页面

(3)点击"进入我的店"按钮,进入小商店管理界面。点击"完善"按钮进入完善资料页面完善经营者信息,上传身份证正反面和手机号,系统会自动识别,核对无误后点击"提交"按钮,然后等待审核的结果,如图8-4所示。

图8-4 小商店管理界面

(4)审核通过后,微信会收到系统发来的"待签约"的验证通知。再次进入小商店助手小程序,点击"签约开张"按钮,如图8-5所示。

图8-5 签约开张界面

第 8 章 视频号的商业变现

（5）进入协议签署界面，信息核对无误后，点击"确认开户意愿并签署"按钮，界面提示已经开张成功，点击"进店看看"按钮，即可进入小商店首页。同时注册的微信会收到"支付能力开通完成"的服务通知，如图 8-6 所示。

图 8-6　签约步骤

8.1.2　商品的发布

下面介绍如何发布商品。

（1）进入小商店首页，点击"新增商品"按钮即可添加商品，可上传商品图片，如图 8-7 所示。

图 8-7　上传商品页面

（2）点击上传图片后，输入商品名称和关键字，接着输入商品价格及库存，如图8-8所示。

（3）选择对应的商品类目和分类，如图8-9所示。

图8-8 编辑商品属性页面　　　　图8-9 选择类目页面

（4）点击"添加详情"按钮可根据商品需求上传商品详情信息，点击"添加规格"按钮可添加商品规格信息。最后点击"上架售卖"按钮即可发布商品，如图8-10所示。

图8-10 上架商品页面

（5）商品上架后，进入"上架审核中"界面，可选择"继续新增"或"管理商品"选项。点击"管理商品"即可进入商品管理界面，可查询审核进度或分享和编辑商品，如图8-11所示。

图 8-11　发布商品成功

8.1.3　详情页面的制作

商品详情页是商品信息的主要承载页面，只有详情页真正地打动客户，才能实现最终转化。

消费者只能通过卖家商品详情页的文字、图片等来想象所需购买商品的效果。因此，要精心设计，避免失误，让消费者在了解商品的过程中，逐渐提高对店铺的信任；在使消费者打消疑虑的同时，激发消费者的消费欲望，这才是提高商品转化率的重点。

商品详情页的描述需要遵循科学的顺序。从激发消费者兴趣入手，在描述过程中打消消费者的顾虑；从用户体验入手，从消费者关注的角度强调消费者在购物过程中获得的价值；力求让消费者理性地进来，感性地完成购物行为。

1. 详情页设计——文案

成功的文案设计不仅源自深厚的文字功底，更离不开生活实践的丰富沉淀，再经文字具体表现，让目标受众顺畅阅读。因此，要将文案与商品展现的结合点对准消费者，精确的定位目标，抓住其最关心的问题作为切入点，才能达到营销的目的。

（1）措辞精确、简洁、有力。简洁有力并且精确的文案措辞有利于消费者浏览商品时准确地抓住重点。

（2）紧抓核心卖点，防止面面俱到。文案的写作目的是让消费者在短时间内抓住商品的核心卖点，面面俱到的文案最易将消费者的注意力带散，使消费者抓不住想要突出的核心卖点。因此，在文案设计之初就应该确定好贯穿全文的主题，突出核心卖点。

文案创作要注意以下几点：

1）将产品说明的重点放在消费者身上。

（1）易于快速浏览。

（2）没有晦涩的专业术语。

（3）充满必要的关键信息。

（4）帮助客户消除误解。

（5）回答客户的相关问题。

2）价格清晰明了

（1）将价格放在突出的位置。

（2）如果商品提供折扣，则划掉旧价格。

3）图像展示

（1）使用多张高分辨率图像。

（2）用图片从多个角度展示产品，以便潜在客户可以全方位地了解它们的外观。

（3）如果产品可能让客户觉得难以使用，那么视频可以证明它实际上的操作有多么简单。

（4）如果客户想知道某些功能之间的差异，视频可以快速准确地将其描述出来。视频能帮助客户可模拟出自己使用产品时的场景。

2. 详情页——结构

科学合理的商品详情页可以向消费者循序渐进地提供购买理由，使其对商品逐步产生信任感，从而激发消费者的购买行为。因此从激发消费者的购买行为看，详情页框架结构的铺陈顺序显得尤为重要。

1）把握好详情页首屏

详情页面的首屏不仅仅是对商品的展示，而且还要把消费者的视觉焦点紧紧把控住。首屏必然包含黄金视觉区的"创意海报"，设计时可通过色彩的对比凸显出品牌的特性和气质。

2）符合购买者的思维行为方式

页面框架设计应该符合消费者的思维方式，帮助消费者从感性认知到理性认知。首先，商品详情页的首屏决定了消费者是否对该商品感兴趣，然后通过商品信息的描述，加深消费者对商品的了解；其次，需要用实拍细节图及数据对比等手段来帮助消费者进行理性决断；最后，通过售后服务信息打消消费者的购物顾虑。

8.2　在视频号中直播变现

微信直播操作是比较简单的，下面我们重点介绍一下直播开通的设置和商品上架的方法。

8.2.1　创建或者关联小商店

下面进行直播商品的关联。

（1）点击作者头像进入个人主页，点击"..."按钮，如图 8-12 所示。

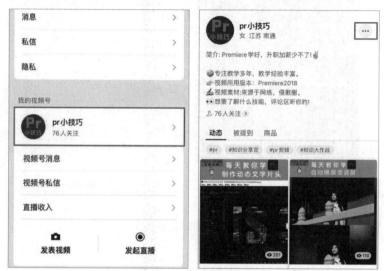

图 8-12　关联小店的入口

（2）进入"设置"页面，点击"商品橱窗"按钮。按页面指引创建或者关联小商店，有小商店的可点击"..."按钮，如图 8-13 所示。

图 8-13　上架商品的入口

（3）点击"商品管理"按钮。可在商店里新增商品，审核通过后才可用于直播带货，如图 8-14 所示。

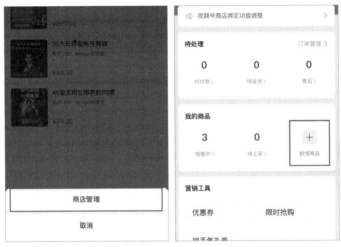

图 8-14　新增商品入口

8.2.2　发起直播

下面我们在视频号平台发起一次直播。

（1）在视频号管理页点击"发起直播"按钮，填写直播主题，设置直播封面，选择分类，选择目标人群，选群发红包和直播位置，如图 8-15 所示。

图 8-15　设置直播主题

（2）点击右上角的"..."按钮，从橱窗添加通过审核的商品，如图 8-16 所示。

图 8-16　添加通过审核的商品

（3）点击"开始直播"按钮就可发起直播了。

发布直播预告后，接下来提前三天拍好短视频，然后用短视频扩散，扩散到你的好友群、互助群，以及后期自己建立的粉丝群并转发到朋友圈。

下面是笔者总结的一些小技巧。

①每两小时转发一次；

②朋友圈转发下一条，把上一条删除掉就可以，这样不显乱，也不影响朋友圈的美感；

③微信群每次转发时，更换不一样的文案；

④转发时加一个红包，点赞预约的人会更多。

第 9 章
直播平台分析

电商直播作为一种新的消费市场，带动了一系列的业态迭代，衍生出直播上下游至少十几种大类职业，各种细分职业不计其数。如何选择适合自身的平台则是直播能否成功的关键因素。有的平台适合商家，有的平台适合个人，平台的准入门槛也不尽相同，潜在的人群画像更是天差地别。本章我们将对淘宝、快手、抖音和微信这 4 个目前直播潜在价值最高的平台进行分析，帮助打算入行的读者找准适合自己的平台。

9.1 直播行业综述

每天有超过 5000 万人在各个电商平台上看直播、买东西，原因就是直播是商家平台大力扶持的流量入口。用户只要在手机或电脑上"暴露"了购买行为，或者无意中搜索了某个关键词，就会发现手机近期弹出的广告绝对跟自己的搜索行为有关，这就是大数据的跟踪效应，而跟大数据捆绑在一起的商品广告会很容易映入用户的眼帘。当用户打开链接后，很可能会弹出直播平台，用户会很容易地被主播精湛的演绎和话术所吸引。这时候，如果用户不捂住钱包口袋，很可能就会下单了。这就是流量风口的优势，用户会认为是不经意间被直播所吸引，其实这是平台商家把流量倾斜到了用户这里。

9.1.1 直播带货的方式

说起直播带货，大部分人可能都能列举出几个耳熟能详的网红主播名字，连很多商业精英如罗永浩和董明珠等也转战到直播间，很多大明星都上过他们的直播间。

直播是一种私人化、普遍化的自媒体信息传播方式，依托于电商平台，向特定的用户传递信息。直播注重商品的销售宣传，其实就是自媒体表现内容的一种方式。常见的直播自媒体包括个人主播和企业行为。

（1）个人主播。要想在众多个人主播中脱颖而出，首先需要进行自我包装，找到自身与众不同的特点，将其融入直播的特色当中，通过自身魅力不断影响观众，从而引起观众关注；其次是有针对性地进行商品内容的分类，可以从目标用户或专业领域层面进行内容的筛选（初期建议不要什么类型的商品都卖）。

（2）企业行为。注重品牌信息和新闻宣传，作为品牌展示工作成效和自身形象的重要渠道，可以为销售决策提供参考，也能收到产品的反馈信息。

9.1.2 日益成熟的直播平台

快手平台的"散打哥"，他在快手直播的同时在线人数超过 100 万人，3 个小时带动了 5000 万元的销售额，一天带货 1.6 亿元。在抖音等直播平台，影视明星们也大显身手，通过自身强大的影响力不但获得了无数粉丝，还通过直播带动了商品销售。有些明星通过短视频的形式传递正能量，为精神文明建设添砖加瓦。

讲到这里大家可能会很清楚地意识到，直播带货不仅仅只有在淘宝、拼多多等平台可行，快手、抖音、微信平台都可以发起直播带货活动。

据不完全统计，头部直播带货平台包括淘宝、抖音、快手、拼多多、京东等，每年都会举办盛大的购物节（如淘宝"双十一"和京东"618"），它们加起来瓜分了直播领域销售额的大部分，而微信、西瓜视频、云集、蘑菇街、小红书这些已经开放直播权限的平台和即将加入直播的平台也准备在直播领域分一杯羹。

接下来的章节将介绍在淘宝、快手、抖音、微信这几大平台中，直播电商是如何在自己的板块布局的，这些平台各自有哪些优缺点，我们日后在直播领域会有哪些商机。这些分析将成为你选择平台带货的决策参考。

9.2 淘宝直播平台

仅用短短 3 年时间，淘宝直播呈现出极强的爆发性，创造了一个千亿级的新市场。2019 年，淘宝内容电商事业部总经理俞峰在淘宝直播盛典上公布，2019 年，超过 4 亿用户成为淘宝直播观众，有接近百万主播成为淘宝直播生态伙伴。

淘宝直播带来的巨大商机，让工厂、农村和市场中的优质线下资源，加速进入电商体系。以服饰为例，淘宝直播平台每个月上新的款式数量能够达到 20 万件，超过了 GAP 等时尚品牌。

如果说 3 年前淘宝直播平台建立初始，直播带货还属于一种新的尝试，那如今，直播已经成为了主流的商业流量模式，直播卡位（即主播所占排名位置）已成为商家的必争之地。2020 年淘宝直播的覆盖率迅速攀升，直播带货已经成为商家越来越重要的销售渠道。

观看直播的淘宝顾客数量爆发式地增长，是淘宝直播创造销售奇迹的基本条件。淘宝的直播销售让网购的模式从商家店铺展示变为以主播为中心，创造了一种类似于贴近真实场景的销售方式。分析显示，淘宝直播之所以占据了流量核心，原因在于其对顾客的吸引力非常高，而顾客在线观看时长的大幅度增加和顾客黏性的提高则带动了成交率的提升。

9.2.1 淘宝直播的特点

在淘宝直播中，最畅销的商品是什么？什么类型的商品最适合直播销售？带着这两个问题，我们结合专业的淘宝主播数据平台，对淘宝直播生态进行分析研究。

需要强调的是，上述所有数据并非 100% 准确，因为销量和销售额在统计时会比实际数值偏高，但我们还是总结出了淘宝直播生态的 8 条规律。

1. 淘宝直播的马太效应

淘宝直播的马太效应短期内可能会一直存在。第一档的网红主播与第二档的网红主播带货能力有明显的差距。

2. 带货矩阵不同

同样是头部主播，不同的主播带货矩阵并不相同。网红主播大部分是推广不同品牌的商品（品类较多，设计类目有女装、美妆、家电、零食、首饰和日用品等）。

3. 相同体量的主播

明星主播的带货能力，大多比不上网红带货主播。网红带货主播的特点是具有亲民性，精通直播间话术，这些经过特训的话术对顾客具有巨大的吸引力。而明星主播仅仅是凭借个人的自身魅力来代言产品，对产品特点往往没有带货主播那么了解，顾客形成不了强烈的购买欲望。

4. 商家号主播

商家号主播凭借粉丝基数大、直播场次频繁的优势，通过直播带来巨大的销量，尤其是美妆、日化、服装和零食等品类，具有重复购买率较高、老带新的成交率较高等特点。

5. 中小主播

中小主播的粉丝和流量虽然不如头部主播，但垂直领域的主播带货能力同样很强，一些中小主播转化粉丝的付费能力也很强。

6. 带货公式

并不是所有的商品都适合淘宝直播带货，符合直播带货的商品要符合下面这个公式：

爆款商品＝刚需高频＋品牌背书＋低价折扣（100 元以内）

7. 高单价商品

一些高单价商品，虽然有过淘宝直播大卖的历史，但并不代表它们的成功可以被轻易复制。高单价商品若希望通过以直播的形式带货，可以参考直播付定金的模式，以降低消费门槛。

8. 知名品牌

位居销量总排行前列的商品，通常为知名品牌，品牌对于爆款产品的重要性不言而喻。

9.2.2　淘宝直播的商业模式

淘宝主播群体中有各种各样的人，如将纯手工工艺品传至千家万户的手工艺家，以及辞掉联合国翻译工作到巴黎做全球购的美女留学生主播。如果你想以个人身份在淘宝直播卖货，建议最好找机构挂靠，机构有完善的商家、商品和主播运营经验，这样肯定比自己单干要好得多。

淘宝直播一方面扶持直播店铺，另一方面扶持优质内容，它通过与各大电视台以及专业制作机构等合作，产出高质量的直播内容。到目前为止，淘宝直播体系已吸引了上千家有专业内容制作背景的机构加入。若是商家店铺，可以开店铺直播，在店铺首页放图片入口，引导粉丝看直播。仅 2019 年一年时间，淘宝直播在淘宝站内引导的成交量有几千亿元，未来 3 年要做到更多，作为淘宝商家，一定要把握住这个直播风口。

9.3　快手直播平台

淘宝直播的最初用户一般以三四线城市的女学生、宝妈等女性居多，而快手的用户则以乡镇居民为主。

快手直播电商起步于 2017 年初，比淘宝直播要晚一点，品质比不上淘宝直播。主要原因是快手官方运营相对简单，看重流量，以流量帮助主播变现。所以我们会发现，早期快手直播卖货的主播，卖得好的只有几个人，大多是官方运营扶持出来的，这些主播大体上也是靠平台分配流量。如今，直播在快手的时长占比已经越来越大，直播的收入也越来越高。

对于快手来说，直播对快手的用户端和变现端都很重要，因此直播既是用户产品，也是商业产品。从营收流水的角度来看，快手已经是主流直播平台之一了。图 9-1 为快手主播带货现场。

图 9-1　快手主播带货

9.3.1　快手直播的特点

2019 年，快手平台电商营销的巨大价值在各个行业得到认可，快手平台整体人群对电商的接受度远远高于整个电商平台的平均水平，其中 3C 产品、彩妆类和护肤类等主要品类广告的目标群体指数（简称 TGI）更高。如果只看 TGI，快手的老主播们更偏向于家装、珠宝首饰和 3C 产品。

图 9-2 为快手产品的广告关注度对比（来自快手官方数据）。

我们从快手的官方数据中发现，因为信任主播的推荐，32% 的快手用户会选择购买产品。2019 年第一季度，活跃网红数量同比增长 13%，活跃度超过 80%。和其他平台相比,在拥有同样粉丝数量的前提下,快手平台上拥有带货能力主播的商业价值比其他平台上的主播要高。

图 9-3 为快手用户购买商品的理由。

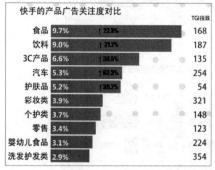

图 9-2　快手的产品广告关注度对比

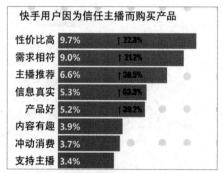

图 9-3　快手用户购买商品的理由

用户在观看快手短视频或者直播时,91% 的用户会有互动行为,47% 的用户会询问购买及商品评价信息,60% 的用户在快手短视频评论中讨论或通过直播间弹幕来决定买不买。

图 9-4 为主播影响用户的购买行为统计。

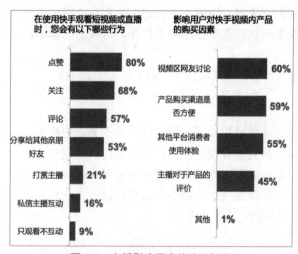

图 9-4　主播影响用户的购买行为

快手用户看到短视频商品或者直播商品介绍后,转化率非常高。据不完全统计,97% 的用户会有兴趣,58% 的用户会选择购买,购买后的满意度为 92%,84% 的用户会向别人推荐商品。图 9-5 为快手直播的影响力调查。

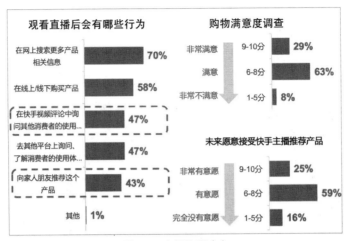

图 9-5 直播的影响力

依靠快手平台强大的电商属性,快手平台百万粉丝主播们的商业价值不亚于抖音、秒拍、微博等平台。

9.3.2 快手直播的商业模式

快手直播方式相对简单,做垂直内容时,先养号,粉丝活跃度高的话就可以直接开直播,上架快手小店,卖低客单价的产品,再通过一些手段引导粉丝到微信,再卖货。

快手的商业模式,目前主要有以下三种。

1. 广告

快手曾尝试在一些普通短视频中间夹杂一些手游、电商的广告,用灰度标签和普通视频进行区分。但目前在快手中,广告的商业模式依然非常少,人们猜测应该有两种原因:第一是创始人早期对广告模式不重视,在开屏页甚至连任何广告位对应都没有,第二,类似平台众多、观众兴趣变化较快、市场热度不稳定,致使广告主在选择快手时会有所顾虑。

2. 增值服务

目前快手的增值服务采用"粉丝头条"的模式实现。运作模式是:用户通过支付一定的费用,就可以将短视频作品在"关注"视频流中置顶,同时推送到一定数量用户的"发现"视频流中,从而使作品获得更多的曝光。目前,该增值服务并不是快手的主要盈利手段,功能入口埋藏较深。一些普通用户以及一些拥有众多粉丝的快手用户，大部分人不知道快手提供该增值服务。

3. 直播礼物

快手的商业模式和其他商业平台类似，都是用户充值刷礼物，平台得到分成。

9.4 抖音直播平台

抖音直播是当下火爆的一个网络平台，其内容包括游戏直播、娱乐直播等，只要是自身有才艺、有点子的人，在抖音就具有能"火"的潜质。目前依赖抖音直播诞生了一大批网红主播，这些网红主播凭借着自己的实力、形貌、个性等特点，吸引了一大批粉丝，也吸引了不少人驻足观看，并获得了大量的收益。

如图 9-6 所示为抖音短视频 App。

图 9-6 抖音 App

9.4.1 抖音直播的特点

抖音直播的传播速度非常快，它是裂变式传播的最佳渠道。与传统的"一对多"推广模式，如电视、印刷媒体和户外媒体相比，抖音的新型短视频媒体是一种裂变式的"一对多"推广模式，即内容被发布给很多人，然后一些个体被重新传播（转发），形成了"一传十，十传百"的口碑效应。基于这种平台模式，用户可以快速积累和沉淀大量粉丝，如果先利用短视频积累大量的粉丝用户，再通过直播变现，似乎更具优势。

图 9-7 为抖音短视频界面。

图 9-7 抖音短视频界面

适合在抖音短视频引流的人群，主要有以下三类。

1. 颜值担当

对于有颜值的美女帅哥，在直播的时候更偏向展示自己，进而获得关注，最终成为网红主播，盈利方式主要以带货和广告代言等为主。

2. 才艺展示

才艺展示类在短视频上其实并不多，因为这类人有可能为了创意及吸引关注而做一些"出格"的视频，并且这一类型的人在抖音上想要获得盈利，难度可能比较大。不过，美好事物创意类的除外。

3. 原创作品

原创作品类是一些相对比较普通的人拍的创意视频。这类视频推荐量不会太多，但是由于比较接地气，相对更能够获得更多同阶层粉丝的认可，偶尔也会有部分视频上热门。

综上所述，抖音中的大多数网红主播属于第三类。因为第一类需要有较高的颜值，第二类需要有高质量的创意（毕竟演艺明星少之又少），因此选择第三类的主播居多。

9.4.2 抖音直播的商业模式

除了如何能在抖音上获得点赞和涨粉,人们关心最多的问题就是怎么通过抖音变现?根据数据显示,目前抖音号的变现方式主要有以下 8 种。

1. 植入广告

抖音达人可以通过视频互发、留言名片、发起联名 PK、信息共享、形象传递等各种巧妙的方式进行品牌合作营销。如某位粉丝数百万级的抖音达人,通过在一个视频中表演"手势舞",为某知名手机品牌做了软植入,视频获得的点赞数高达十几万。

从本质上看,虽然是为了带货和宣传产品,但是运用了抖音上比较流行的音乐和舞姿之后,直播内容深受粉丝们喜爱。图 9-8 为抖音达人。

图 9-8　抖音达人馨馨

据了解,抖音主播的广告报价大概是 2 分钱 / 粉丝,像那些拥有 1000 万人以上粉丝的网红主播,接广告都是几十万一条。抖音主播不需要像明星那样四处上通告就能赚那么多钱,对于有才艺的网红主播来说,直播是一件不错的工作。

2. 带货

抖音短视频带火了不少产品,如迪士尼垃圾桶、米其林水杯等。不少时装、化妆品、母婴、女装类主播都在抖音上为自己的店铺引流,抖音还为部分抖音达人开放了直达网店的功能。图 9-9 为抖音关联淘宝店铺。

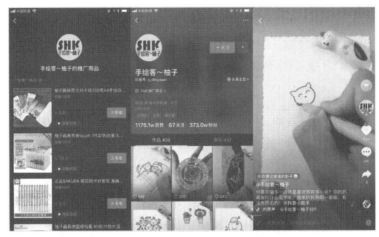

图 9-9　抖音关联淘宝店铺

自从抖音出现了关联淘宝的卖货链接后,好多个百万级以上的抖音号页面均出现了购物车按钮,单击即可出现商品推荐信息,直接链接到淘宝。

例如,李子柒先发布了一条香肠的视频,然后通过抖音购物车功能售卖定制款香肠,销售额屡创新高。图 9-10 为李子柒发布的视频。

图 9-10　李子柒发布的视频

3. 站外引流

有的抖音号虽然不能在抖音上变现,却能在抖音平台之外获利。比较典型的案例就是通过抖音给公众号两天涨粉上百万的"表情包"。运营者看到抖音上一些很火的表情包视频,以及很多人在评论区求购表情包,让他们立刻觉得这是个商机,就在抖音上发了一个"如何搜索关注这个公众号并得到抖音热门表情包"的视频。据运营者透露,这条视频播放量超过千万次,公众号两天时间涨粉上百万。图 9-11 为抖音表情包。

图 9-11　抖音表情包

4. 转让粉丝和账号

卖粉是一种最简单的变现方式。在引流的时候,要注意发布对应属性的视频,如医美粉、美颜粉、高客单价粉、家长粉等。某些行业一个精准粉丝售价 50 元左右(相对于泛粉而言,单价高了十几倍),依然有人抢着要买。

如今,单条浏览量达到上百万的账号,接一条广告费用都是上万元,转让账号利润就更可观了。

现在抖音账号粉丝达到 1000 人,就可以申请开通抖音长视频了。若要开通直播,对账号粉丝要求则更高,而且要求视频都要自己拍摄,任意一个原创视频的点赞都要在 100 个以上,这样才可以联系客服申请开通直播。

有人喜欢抖音刷粉(买粉丝),其实刷粉还需谨慎一点。因为抖音对于刷粉现象抓得很严,一旦发现有刷粉行为,轻者可能账号被降权,严重的话直接关闭账号。如果非要刷粉,笔者建议可以刷 1000 粉丝来开通 1 分钟视频的权限,刷多了就不太好。直播跟一分钟视频的权限,要真正能利用起来再去开通,否则也不会起到什么效果。

5. 卖课程

目前抖音最常见的卖课程是各种微课资料,以及各个学院的课程。例如绘画、舞蹈、乐器、跆拳道等。

6. 包装个人

一个好的 IP，不管是个人还是企业，都离不开营销宣传。若要把个人 IP 做成品牌或一个赚钱机器，就需要过硬的作品和超强的才气，如原创歌手靠抖音吸粉成功进入娱乐圈。

7. 卖服务

商业的本质就是信息不对称，有的人喜欢用金钱去买时间，有的人习惯用时间去换金钱，当你研究透彻了，赚钱也就水到渠成了。其实类似通过知识赚钱的方法很多，很多人不知道如何变现。特别需要说明的是，知识付费的红利才刚刚开始，对很多人来说，学习是一项终身事业。

8. 推广合作、赞助

抖音达人可以通过视频贴片、互动贴纸、发起挑战、冠名口播、形象代言等各种巧妙的方式进行品牌合作营销，这种接广告或者为品牌定制内容的模式，是目前抖音号最主要的变现模式之一。

9.5 微信直播平台

现在说说"微信公众号＋直播"，2019 年 4 月，腾讯直播开始进行小范围公测，微信可以基于微信生态，嵌入企业公众号，实现一键转发功能；支持手机、平板、电脑、智能电视等多终端观看；无需下载 App，一场直播实现全国曝光。

视频号打通了微信生态的社交公域流量闭环，微信生态过去也能在朋友圈发小视频，但这些内容仅限于朋友圈好友能够观看，这就是所谓的"私域流量"。而视频号则意味着微信平台提供的小视频，能以发布到"扩散朋友圈＋微信群＋个人号"的方式，使每个人的短视频内容能被更多人看到，从而打破了微信过去无法扩散小视频的限制。我们只需要把短视频内容同步发布到视频号，就可以在微信生态里传播这些内容，这是一个新的流量传播渠道。

视频号一开始就有转发微信公众号链接文章的功能，意味着通过视频号带货的通道已经打开。只需要在视频号内容中引导大家单击关联的微信公号链接，用户就可以在微信公号里面推荐产品和服务，形成一个完整的商业闭环。

目前视频号还可以关联微信小程序，通过小程序马上下单，快速形成变现渠道。对于有足够粉丝的号主，还可以通过导入腾讯直播加速转化，然后把粉丝沉淀在企业微信中。

9.5.1 微信直播的特点

目前,微信生态里已经打通了"视频号+微信公号+微信小程序+微信直播+企业微信"闭环,腾讯已经形成了具有强大竞争力的社交电商新平台。

微信直播具有以下几点优势。

1. 不用另外下载 App

微信发展到今天,使各的用户都在自身的朋友圈里,大家依靠微信来传播信息、交流情感。现在做直播,如果需要观众先下载一个 App,然后再搜房间号,再去看直播内容,这样会让部分观众觉得麻烦。所以,微信现在不需要再额外下载 App,就能实现直播。

2. 方便通知

利用微信进行通知比较方便,不论是群发还是私发信息,都可以马上通知到位。

3. 可以一键观看

用户在分享内容时,如果需要事先把直播间发送给朋友,让他的朋友下载直播间 App,然后再去找房间号,这会让粉丝觉得很麻烦。在转播的过程中,本来可能有 1000 人要进来,但经过这么一个麻烦的过程,真正进到直播间的可能只剩下 100 人了。所以,微信直播小程序的一键观看功能非常方便。

4. 回放功能

微信直播还有一个很大的优势,就是可以回放。回放的时候,商品依旧能以在直播间里购物的优惠价格成交。也就是说如果用户错过了某场直播,可以回看直播,还可以以优惠的价格去购买。而且在微信里面可以直接选择一键观看。

如果是 4G 的网络,看 5G 微信直播视频的时候可能还不是特别流畅。但用 5G 网络,观看直播视频则会非常流畅。

5. 与用户互动

因为我们都使用微信沟通,用户都沉淀在各自的朋友圈里面。这样,所有的人都可以成为我们的微信好友。

9.5.2 微信直播的商业模式

目前,所有的商业模式全部指向直播带货。淘宝直播用户和抖音直播用户的数量不相上下,是目前最多的两大平台。微信用户 12 亿人,日活跃用户 11 亿人,如果微信直播开始发力,将秒杀所有直播平台。

微信直播以微信为入口，通过微信用户层层关联的私域流量，流到你所在的直播平台。平台又将所有流量流入到每位邀请你直播的店主。

1. 粉丝就相当于是顾客

开直播相当于多了一条获得顾客的渠道，并且是可以获得全国各地的顾客。用户先将自身原有的顾客、朋友流量转化到直播间，在平台面向全国获得精准粉丝，平台也会将流量输送给所有店主。

2. 开直播卖货一定会增加粉丝

这是显而易见的，开直播卖货可以快速增加粉丝，实现商业变现。

9.6 其他直播平台

目前很多平台都纷纷推出直播功能，比如小红书、西瓜视频、火山、蘑菇街、拼多多、京东等等，总之你如果要问目前最火的行业是什么？毫无疑问就是"短视频＋直播"！

如图 9-12 所示为西瓜直播平台，图 9-13 所示为拼多多平台。

图 9-12 西瓜直播平台

第 9 章　直播平台分析

图 9-13　拼多多直播平台

关于淘宝直播、快手直播、抖音直播和微信直播这 4 大平台的优劣势就介绍到这里。虽然 4 个平台的用户画像不一样，流量来源和流量运营方式稍有不同，但是整体的直播电商运营方法是一样的，从策划到运营到数据分析，再到产品选择和优化，都适用于 4 个平台。

今后，直播带货行业会全面提速，这一行业所展现的快节奏、信息密集特点的背后，是强大的供应链、团体合作、主播的眼光和知识建立起来的信任背书，以及直播技巧的全面提升。但是，直播不仅仅是带货，同时还要满足娱乐性和知识性的要求，直播内容丰富程度在提升，下沉市场的流量红利仍存在，用户规模预计将以亿为级别。下沉用户对移动互联网的人均使用时长超过非下沉用户，且增长更快。

第 10 章
直播平台的系统搭建

要对一个软件有全面的了解,首先要知道如何把它下载下来。下载方式多种多样,本章将对各个直播软件的下载和安装方式进行详细介绍。

10.1 淘宝直播平台安装

淘宝直播平台分为手机端和 PC 端,可根据需要进行安装。

10.1.1 手机淘宝直播 App 安装

手机直播的好处是轻便灵活,可以拿着手机一边走一边播,适合在很多场景下直播(帮助砍价、场景移动的情景)。下面介绍手机淘宝直播的安装方法。

(1)在手机应用商店搜索"淘宝直播"进行下载安装,如图 10-1 所示。

(2)安装完成后,在手机里进入"淘宝直播",系统会提示账号登录,用户可以用淘宝账户登录,也可以用手机和支付宝账户登录。图 10-2 所示为淘宝账户登录界面。

图 10-1 搜索"淘宝直播"后进行下载安装

第 10 章 直播平台的系统搭建

图 10-2 输入淘宝账号后登录

（3）点击"主播入驻"选项，系统会要求用户完成实名认证，如图 10-3 所示。

图 10-3 首次入驻会进行实名认证

137

（4）图 10-4 显示了人脸认证后，系统会进入开播成功界面，点击"开始直播"按钮即可。

图 10-4　成功入驻并直播

要想进行真正有意义的直播，仅上面这几步是不够的，还得在淘宝官方申请浮现权。获得浮现权后，淘宝首页会推广你的账号内容，没有推广和流量扶持，人气肯定不足。

10.1.2　淘宝直播发布

下面我们将演示一场淘宝直播。首先，要进行淘宝直播设置，方法如下。

（1）打开淘宝网页，并登录账号，点击右上角主菜单的"千牛卖家中心"选项，如图 10-5 所示。

（2）打开千牛卖家工作台后，在左边栏的"自运营中心"中点击"淘宝直播"选项，如图 10-6 所示。

第 10 章　直播平台的系统搭建

图 10-5　淘宝网页

图 10-6　千牛卖家工作台

（3）进入直播平台，点击右边的"发布直播"选项，进入发布直播页面，如图 10-7 所示。

图 10-7　发布直播页面

（4）点击"开始创建"按钮，进入设置页面，按照要求填写内容，并上传封面图，如图 10-8 所示。

图 10-8　设置直播页面

第 10 章　直播平台的系统搭建

这里需要注意,要想吸引人,直播的标题要有趣味性,封面设计要有艺术性。图 10-9 为笔者设计的比较奇幻的封面图,合成了一个超大微景观。

图 10-9　封面图设计案例

(5)填写完成后,就可以把店铺的宝贝挂到直播平台,以便在播出时进行实时推广,如图 10-10 所示。

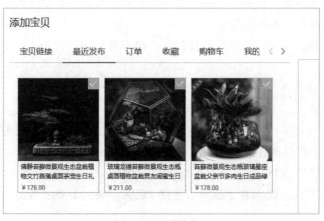

图 10-10　链接产品

141

（6）这样，一个直播基本就设置完成了，我们可以在"我的直播"页面查看设置好的直播，如图 10-11 所示。

图 10-11　直播内容列表

10.1.3　淘宝直播 PC 客户端安装

在直播间配置灯光特效等辅助设备，加上专业级别的拍摄设备，画质优势就能够很好地体现出来了。使用网线连接可以让直播信号更加稳定。所以，有可能的话，尽量使用 PC 客户端进行直播。

那么，哪些情况下更适合使用 PC 端进行直播呢？我们在以下方面进行比较。

（1）当手机直播无线网络不稳定时，用计算机可以使用有线网络来直播，信号会更加稳定，有效避免直播卡顿。

（2）在直播过程中，计算机直播软件可以对音视频进行加工，增加更多的趣味元素。

（3）在不满意普通手机及附属拍摄设备的效果时，使用计算机可以选用更好的拍摄设备进行拍摄。

（4）长时间直播，手机发烫、电源不足等会造成直播卡顿、暂停等现象，采用计算机直播则不存在这样的困扰。

淘宝直播软件的 PC 端安装方法如下。

（1）在淘宝页面搜索并下载淘宝直播 PC 客户端，下载后双击该安装文件，如图 10-12 所示。

（2）安装完成后，登录自己的账号即可，如图10-13所示。

图10-12　安装淘宝直播客户端

图10-13　登录账号

（3）登录后，在直播列表中可以看到我们之前设置的直播预告，如图10-14所示。

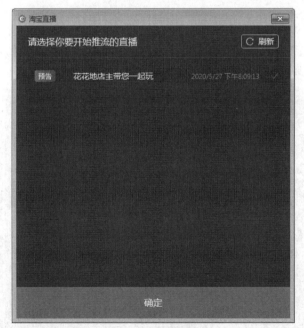

图10-14　直播预告

（4）单击"确定"按钮，即可打开直播控制面板。由于我们没有连接摄像头等设备，所以画面没有呈现出来，如图10-15所示。

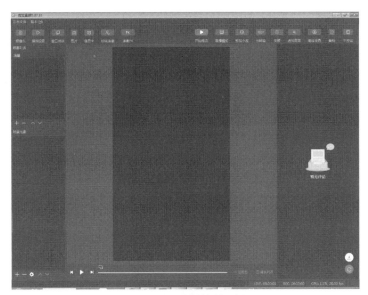

图 10-15　直播控制面板

下面将对推流及直播界面的基本功能进行介绍。

（1）进入主功能页面。连接摄像头后，单击 ▶ 按钮进行推流，到了设置好的播出时间，就可以正式进行直播了，如图 10-16 所示。

图 10-16　直播画面效果

（2）软件主功能页面如图 10-16 所示。当计算机连接好摄像头时，预览区域会默认显示当前连接的摄像头画面。

（3）当计算机连接多个摄像设备时，可手动添加其他摄像设备拍摄的画面。通过主功能页面中的" "功能键添加，如下图在"设备"选择栏中选择相应的摄像设备。摄像设备分辨率，采集帧率请保持默认设置，如图 10-17 所示。

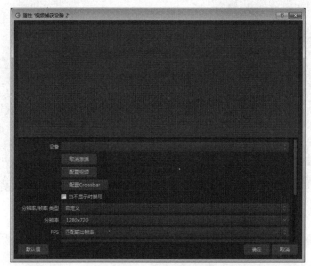

图 10-17　选择摄像设备

（4）单击左上角摄像头图标，在弹出的窗口中，选择需要使用的设备，单击添加。

（5）当前已经在使用的设备不能重复添加。

（6）添加后，画面区域将显示刚才添加的设备拍摄的画面，并提示红色线框，可单击拖曳调整大小，如图 10-18 所示。

图 10-18　设置画面尺寸

(7)每个设备可创建 1 个画面,多个拍摄设备即可创建多个画面,形成画中画效果,如图 10-19 所示。

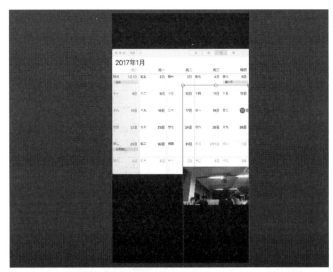

图 10-19　画中画设置

(8)单击窗口捕获,可以直接将桌面打开的某些窗口内容投到视频区域中,如图 10-20 所示。

图 10-20　窗口捕获

（9）使用背景音乐。需要先在音乐列表中添加歌曲。添加歌曲后，可以通过功能键播放/暂停音乐，也可以直接在播放列表中双击选中的歌曲进行控制。

背景音乐仅在直播间播放，并且开始播放后要延迟几秒才会在直播间播出。背景音乐的音量可以在"混音器"中调节，如图 10-21 所示。

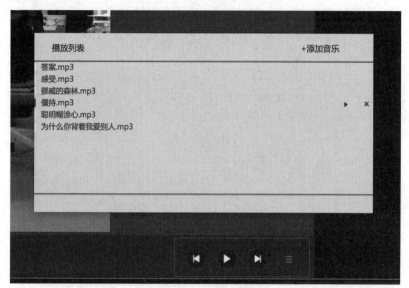

图 10-21　设置背景音乐

（10）当前软件支持识别各项音频设备，并进行音量调控，如图 10-22 所示。

图 10-22　调节音量

当计算机连接多个麦克风时，可以通过图 10-22 中的"属性"进行麦克风选择，进入"属性"页面，如图 10-23 所示。

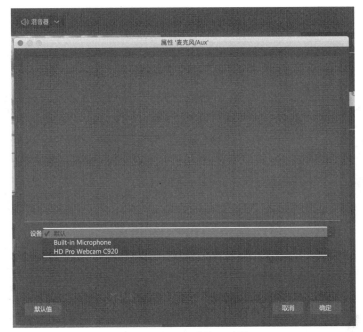

图 10-23　设置麦克风属性

（11）美颜开关打开后，可以调节美白、磨皮 2 个参数，如图 10-24 所示。

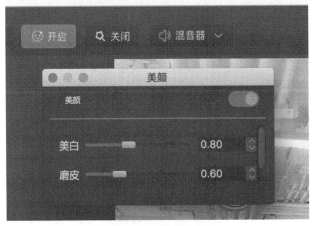

图 10-24　设置美颜

（12）调整清晰度。目前支持 720P 与 360P 的分辨率，在推流开始前，可设置推流输出的清晰度，推流开始后不能修改。

（13）所有设置准备好后，单击"开始推流"按钮，当前拍摄内容将输送到中控台，可在中控台预览效果。点击"开始推流"按钮后需要在中控台点击"开始直播"按钮，直播间才会正式开播。

长时间推流可能会导致计算机卡顿，直播结束时，记得点击"结束推流"。

10.2 抖音直播平台的安装及发布

抖音也是目前比较流行的直播带货平台。下面就让我们使用抖音来演示直播。

（1）安装"抖音短视频"App，如图 10-25 所示。

（2）进入抖音主界面，点击"我"选项，如图 10-26 所示。

图 10-25　抖音短视频 App

图 10-26　进入抖音界面

（3）在个人中心界面，点击右上角的■按钮，如图 10-27 所示。

（4）进入更多界面，点击"创作者服务中心"按钮，如图 10-28 所示。

图 10-27　进入设置页面　　　　图 10-28　进入创作者服务中心

（5）点击"主播中心"选项，然后点击"去开播"选项，如图 10-29 所示。

图 10-29　在开播中心进行开播设置

（6）设置标题并添加封面，点击"开始视频直播"按钮。开播后即可进入直播画面，直播时有很多功能可以重新设置，比如摄像头翻转等功能，如图 10-30 所示。

（7）安装抖音后要进行实名认证。进入申请界面可以看到开直播的条件，必须完成实名认证和绑定手机号码，要依次点击这些未完成的条件，如图 10-31 所示。

图 10-30　进入视频画面

图 10-31　实名认证

（8）进入实名认证界面，输入姓名和身份证号码，点击"开始认证"按钮，如图 10-32 所示。

（9）点击"确认认证"按钮，如图 10-33 所示。

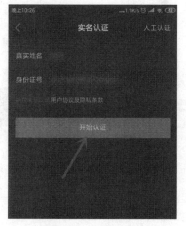

图 10-32　开始认证

图 10-33　确认认证

10.3 快手直播平台的安装及发布

下面介绍一下快手直播平台的安装方法。

（1）在应用商城搜索"快手"App，然后将其安装在手机上，如图 10-34 所示。

（2）如果绑定手机，且上传通讯录（在快手左侧的"查找用户"那里，有上传通讯录的选项），就会优先开通直播权限。

（3）点击进入查找页面，再点击手机通讯录，允许访问手机通讯录，方便查找好友。

（4）点击允许访问通讯录。进行实名认证后，可以打开"开通直播权限"选项，如图 10-35 所示。

图 10-34　安装快手 App

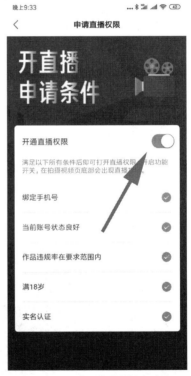

图 10-35　开通直播申请

（5）设置完成后，回到主界面，点击右上方的视频按钮"▢"，进入拍摄画面，在下方会看到一个直播按钮，如图 10-36 所示。

（6）设置直播封面和标题，进行直播，如图 10-37 所示。

第 10 章　直播平台的系统搭建

图 10-36　打开直播页面

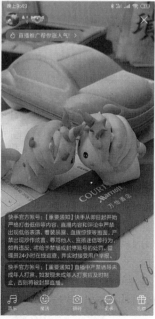

图 10-37　直播画面

153

在快手平台开直播的注意事项。

（1）认证的时候一定是本人身份证。

（2）申请成功之后禁播违反快手规章制度的内容，否则封号。

（3）拍摄认证身份证画面一定要清晰，最好背景墙是白色的，背景没有杂物。

10.4　微信直播平台的安装及发布

微信直播带货是一个新的领域，它与电商运营的不同之处在于，直播运营是对直播现场的把控，以及对现场与货品的对位关系进行调整，对如何调动粉丝与店铺的互动进行策划，后期还要根据直播后台数据进行货品的调整和搭配。

下面介绍视频号直播的安装和发布方法。

（1）提前3天设置直播预告。进入视频号，选择右上方的"■"按钮，如图10-38所示。

图 10-38　进入视频号

（2）进入"我的视频号"页面，下滑页面，点击右下角的"发起直播"按钮，点击"直播预告"按钮，如图10-39所示。

第 10 章 直播平台的系统搭建

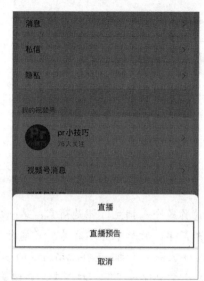

图 10-39 直播预告入口

（3）选择自己所要的预告时间，在个人主页就可以看到直播预告了，如图 10-40 所示。

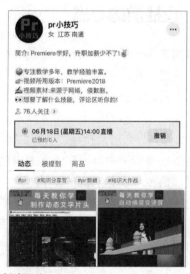

图 10-40 创建预告

发布预告后，提前三天拍好短视频，然后扩散短视频，将短视频扩散到你的好友群、互助群，以及后期自己建立的粉丝群并转发到朋友圈。

第 11 章
直播前的准备工作

无论你是个人播主,还是商家,第一次做直播都会有手足无措的感觉。直播卖东西看着简单,做起来并不容易。直播时,需要注意的方面非常多。包括怎样介绍产品、怎样跟粉丝互动、怎样挑动粉丝的参与热情、怎样促成交易、怎样搭建社群等。这些技巧都需要逐个了解。接下来,介绍第一次直播卖货前需要准备的事项。

11.1 直播前的心态

直播前的第一项准备工作,就是调整好心态,要肯吃苦。在直播之前,你需要认真地问自己一句:我准备好了吗?因为不管你是一个个人新主播,还是一个商家要培养的主播,都要把"肯吃苦"摆在第一位。纵观整个电商主播群体,娱乐主播出身做成电商大主播的极少。因为娱乐主播的粉丝大部分是男粉丝,电商主播却大部分都是女粉丝。面对女粉丝,电商主播不仅要会说,还要坚持说到打动她们为止,才有可能促使她们下单。现在的大主播也是一步一步吃苦过来的。回放大主播们早期的视频,很多时候他们都是播了十几个小时才只有一二百人观看,这种艰辛难以言表,吃不了苦的人根本坚持不下来。要是你打算在直播电商领域有所成就,就不要抱着试试看、兼职做的想法,一定要全身心地投入。即使这样,还不一定取得效果,更别提兼职了。

11.1.1 游戏解说主播

很多游戏解说主播,在录制游戏和学习解说技巧之前,心态都没有摆正。他们每天关注最多的无非是视频播放数量、粉丝、留言、礼物等。作为一个解说新人,直播初期太过关注这些东西，很容易产生挫败感，从而产生放弃解说的念头。建议新手小伙伴们前期要把所有的注意力都放在提高视频的质量上，要时常思考自己录制的视频能为观众带来什么有价值的东西，是愉悦了观众的心情，还是能为观众解决卡关之苦（偏游戏攻略方向的解说）。能为观众送上有价值的东西的主播，观众也会对主播"投之以桑榆，报之以桃李"。

游戏解说的心态比一切解说技巧和经验都重要。没有正确的心态，主播的作品就不会有灵魂，观众就会漠然对待，主播进步和成长的脚步就会戛然而止。因此，想做游戏主播的读者请记住两个词："心态"和"分享"，即时刻摆正心态，时刻分享快乐。

11.1.2　带货主播

说到带货主播，笔者想起了一位朋友的故事，我们暂且叫她小 A。小 A 做兼职时，卖一款洗发水，因为线下推广很困难，就想通过线上进行推广。小 A 说干就干，先去研究直播，关注与直播相关的各种信息，学习直播经验。但是在准备直播前，小 A 仍有很多疑惑和担忧。她担心做不起来，担心以后没有货源，担心做得不好被人嘲讽。很多问题都困扰着她，想不出合适的解决方案。

带着这些担忧，小 A 找到了做直播的朋友。朋友给她的回答是：做带货直播没有粉丝照样可以带货，只要利用好私域流量和公域流量就能事半功倍。即通过把微信朋友圈的人引流到直播间（这是私域流量），再加上平台的公域流量。有了流量，就不愁货卖不出去，新手也可以学习培训团队的课程来快速进入状态。只要能顺利开播，货源自然就能来，因为接触的层面变大了，可供选择的货源就会越来越多。

朋友的一番话对小 A 的影响很大，于是她决定试一试。她先向表姐借了自拍杆，在朋友和表姐的大力支持和不断鼓励下，小 A 鼓起勇气去开播。第一次直播不尽人意，但她没有灰心，暗暗地告诉自己已经很棒了。就这样，小 A 一直鼓励着自己，但一直到第五次直播时，观众仍是寥寥无几，她感到很受挫，感觉直播好难，留住粉丝好难。她和表姐哭诉，说不想干了。表姐冷静地说："放弃很容易，不过这几天你的进步确实很大！"小 A 开始回想这几天的点滴细节，发现还是有所收获的。从第一次直播时的不敢互动，到现在可以和粉丝互动自如，有时还可以很好地掌控现场，这不就是进步吗？想到这里，小 A 决定继续直播。当粉丝达到 500 人的时候，小 A 的内心之中就有了丝丝的成就感，突然感觉自己有价值了。接着，小 A 又给自己定下了个目标：粉丝要涨到 1000 人。于是，她开始筹划添置直播的设备，此时的小 A 不再是对直播抱着试一试、玩一玩的心态了，而是在直播中找到了成就感，并且也爱上了直播。接下来的日子里，小 A 每天都会直播，从来没有间断过，正是因为她的坚持，粉丝数量很快达到预定的目标，她信心倍增，又开始鼓励自己往下一个目标前进。

以前遇到问题时，小 A 总是习惯逃避，但是做了直播后，就不再逃避了，因为她知道只要把心态摆正，好好努力，问题就会解决。做直播时，如果没有销售量，留不住粉丝，大家都很着急，但是只要坚信"办法总比困难多"，终会找到解决问题的办法。

从这个故事中，我们可以看出，在直播初期，一定要有积极的心态。要不断鼓励自己，树立信心，先给自己设定小目标，步步为营，走向成功。

11.1.3 话题主播

对新主播来说，在直播中难免会因为紧张而出现语无伦次的现象。主播只有在直播中保持良好的心态，才能更好地展示自己的才艺，给观众带来一份快乐。新主播想要在直播中放松心态，需要注意下面几个方面。

1. 足够的专注度

专注地去做一件事情，往往更容易成功。做主播时，要做自己，要保持自己的风格，不要刻意模仿别人。当别人提到某个方面的内容时能想到是你，那么你的直播就是有效果。主播要专注于自己的内容，不要随意改变自己的直播类型，因为直播内容覆盖面太广，精力就不够，也很容易产生负面影响，比如如果观众在直播中问的问题你答不上来时，就会显得尴尬。

2. 不要有攀比心理

作为直播界的新人，不要盲目与他人进行比较。有的人运气非常好，在抖音刚开始直播没几天，就会突然增加很多粉丝，他们能够在最准确的时机把握住机会，是他们背后辛勤付出的结果。所以不要羡慕别人，你需要做的就是尽量提升并完善自己。当你自己足够优秀的时候，自然就会有很多人喜欢你。

3. 保持一颗平常心

在刚开始直播时，不要因为来来往往的游客而影响心态，直播在前期本来就是不稳定的，要想将来往的游客留下成为自己的粉丝，就要保持一颗平常心。让自己每一天都努力，放低姿态，做好自己，不要因为急躁而打乱了自己的节奏。偶尔要放松一下心情，每天给自己定下一个小目标，并努力为之。

4. 制订计划

制订计划也是很重要的一个方面，要想在直播中保持一个好的心态，就要在开播前清楚自己当天要直播的流程与内容，这样就可以轻松地应对游客提出的各种问题。只要坚持一段时间，每天给自己定一个小目标并努力完成它，相信一定会有更多的收获。

上面的几个方法，都可以使主播在直播中保持放松的心态。主播平时也可以通过多阅读一些书籍，多了解一些热点新闻，来丰富自己。这样，在与粉丝的交流中，就会有更多的共同话题。

11.1.4　坚持就是胜利

无论做哪一行，都不要先惦记着怎么赚钱，而是要先想着如何让自己值钱。这样你才能做得长久，才能赚到钱。很多主播明明很优秀，但是不懂得坚持，赚了点钱就停播，休息或出去旅游，一步步地把自己的粉丝送给了别人，把自己的老板送给了其他主播，等再开播的时候，观看的人寥寥无几。这就是不能坚持的后果。一名主播新人，没有粉丝基础，没有直播经验，心里必定有很多疑问，接下来，我们就汇总一些常见问题并逐一分析解答。

1. 主播那么多，现在还能做吗

当然可以做。就像满大街都是药店、便利店、餐厅了，可还是不断有新店开业。同样的，主播也一样，只要想做直播，什么时候都不晚。因为这个行业还远远没有达到饱和的程度。

2. 做主播现在还赚钱吗

任何行业都一样，需要一步一个脚印地去做，要慢慢学习，长期积累，用自己的真心和才艺换来观众的打赏。这样，收入就会一天比一天高。

3. 我想做主播，可是没有时间怎么办

有句名言叫"时间就像海绵里的水，只要愿意挤，总还是有的"。只要我们把午休、晚上等时间利用起来，总会有时间直播的。直播不了两个小时，总能直播一个小时吧，没有一个小时，半个小时总可以吧，和粉丝们打个招呼的时间总有吧。所以，只要想做，就能努力创造机会，就能挤出时间，要是不想做，就会找各种各样的借口。

4. 在直播中需要注意哪些问题

（1）在首次开播的 10 天内，主播要初步了解直播平台，确定自己在直播中所展示的才艺种类（如唱歌、跳舞、聊天、喊麦等），并学会进行标签推荐。

（2）在开播的第 10 天至 1 个月内，要熟悉直播设备，会调整视频清晰度、背景等，提升聊天互动能力、提升自身才艺，了解游客心理，掌握如何留住游客的技巧。

（3）在直播的 1～2 个月内，要逐步改掉自己的缺点，多向大主播学习，提升自己的才艺和聊天互动水平，并开始申请推荐，如热门首页、官方轮麦、分类置顶等。

需要强调的是，要想把主播当成一份事业，不论是做兼职主播还是全职主播，每天的直播时间尽量要不少于 3 小时，每周的直播时间不少于 6 天。

11.1.5　如何训练正确的心态

要想延长主播的直播时间，就需要一个良好的心态，这样会增加主播的耐心。很多主播在刚开始直播时由于没有一个良好的心态，也没有很多粉丝观看直播，导致主播播了两三天就不播了。如果在开播前对主播的心态进行有效调整，主播很可能会坚持播一两周。而在这一两周的时间内，刚好是新主播积累粉丝的重要阶段。当主播的主要目的就是赚钱和出名，钱和名就是主播的直播动力。直播间有了更多的粉丝对主播来说会起到一个激励作用，让主播看到目标实现的可能性大大增加。因此，主播自然会在接下来的一段时间（至少一两个月）充满信心。正确的心态可以预防主播在第一阶段半途而废，那么如何进行心态调整呢？从心理学角度看，主要有以下两个方面。

1. 降低失落感

在直播前，告诉主播在直播中会出现的问题，让主播有心理准备，预防真正遇到困难的时候，不至于停播。

2. 提高对未来的展望

一定注意目标不要定得过高，影响主播对自身能力的评估。

大多数主播是通过游戏主播、唱歌主播、做饭主播等直播内容来分类。这只是直播内容上的分类，而不是主播的定位标准。但主播的直播内容确实影响着粉丝的选择。其实一个粉丝选择关注主播，除了直播内容之外，最重要的是主播的直播风格。

主播大致可以分为温柔型、可爱型、高冷型、睿智型、妖艳型、搞笑型等，要根据不同的风格选择直播的形式和内容。例如可爱型的主播，可以在直播中卖萌和撒娇，可以多准备一些体现可爱的歌曲，还可以学习一些简单、可爱的舞蹈，妆容和服饰也尽量向可爱风格靠拢。

对主播来说，定位是为了吸引适合主播风格的粉丝。风格可以偶尔有点小变化，但要记住，偶尔的风格变换只是为了满足粉丝对新鲜感的追求，稳定的风格才代表大部分粉丝的关注点。变换风格是暂时的，定位才是永恒的。主播真正需要做的是多样的直播内容，这就需要在直播以外的时间下功夫，去组织策划。

11.2 直播前的调研工作

调研是直播前的第二项准备工作。无论是卖汽车，还是卖面膜、奶粉等，都应该去各大平台看一看同类型的内容和账号，列举出 3 个做得最好的，再列举出 3 个做得不好的，找到对标账号和内容，然后在他的基础上优化和创新。例如想要做美妆直播，那么就去淘宝上找美妆主播，学他们的卖货方式；去抖音上找美妆达人，学习他们的内容形式。

新主播在正式开播前，首先要了解直播的基本知识，例如直播给哪些人看？这些人喜欢什么内容？他们为什么喜欢看直播？在全面了解了这些的基础上，再想办法去迎合观众，最终达到直播卖货的目的。

导致观众大量流失的一个主要原因，是不知道在直播时应该做什么。仔细观察那些非常火爆的主播，他们都是在直播前做了充分的准备工作，一开播就直接进入主题，直到顺利完成直播。作为新主播，为了顺利完成直播，更需要提前做好细致的调查。

11.2.1 看直播的人群

只有先了解了喜欢看直播的都是什么人，才能够锁定目标。

1. 宅男

只要市场上新推出游戏软件，长期足不出户的人总会第一个下载试玩，直播也不例外，他们可能是最早关注直播的群体。

2. 空余时间不知道做什么的人

休闲时间既不喜欢看书，也不喜欢追剧，朋友圈、微博早已刷得不耐烦，这类人一般喜欢观看直播，喜欢在直播间与网友刷弹幕聊天。

3. 怕孤独的人

这个群体的人都希望有人陪，打开直播软件就能找到自己喜欢的主播，观看直播发弹幕聊天，以慰藉精神上的孤独。

4. 喜欢窥探别人生活的人

每个人都会有探究别人生活的好奇心与欲望，直播刚好为这一类人提供了这种条件，让这种类型的人可以光明正大地窥探主播的生活，满足他们的好奇心。主播只有在了解了喜欢看直播的人分别属于什么群体之后，才会有清晰的自我定位和直播方向。

11.2.2 观众喜欢看的内容

俗话说"物以类聚，人以群分"。喜欢看长得好看的人又喜欢听歌的宅男（即长期足不出户的人），娱乐性的直播对他们最有吸引力；喜欢打游戏的宅男，游戏直播对他们吸引力肯定最大；害怕孤独的人肯定最需要人陪伴，肯定会喜欢聊天类的直播；对别人的生活充满好奇心的人，更热衷于观看生活类的直播。目前，最流行的直播方式为秀场模式和游戏模式，这就证明大部分观众喜欢观看娱乐性直播和游戏类直播。

11.2.3 观众喜欢看直播的原因

1. 陪伴

空闲时间较多或害怕孤独的人，在观看直播时可以和直播间的小伙伴们一起刷弹幕聊天，排解烦闷。

2. 关注

很多人平时接触的人是有限的，而在直播间能够认识的人却是无限的。粉丝通过给主播刷虚拟礼物，可以获得主播本人及直播间其他小伙伴的关注，有很多人很享受这种被人关注的感觉。

3. 优越感

很多人喜欢看直播，就是因为刷虚拟礼物会获得直播间其他粉丝们的关注以及主播的感谢，从而产生优越感。

11.2.4 直播前需要做的准备工作

下面介绍直播前需要做的准备工作。

1. 个人形象的打理

主播注重仪容仪表是对观众的尊重。主播不仅要整体形象好，还要注意直播间的环境，赏心悦目的主播和直播间一定会更受青睐。

2. 才艺准备

如果是娱乐主播,就要提前准备好当天直播要唱的歌、要跳的舞,并做好直播话术的练习等。如果是游戏主播,那就多练习相关游戏,并且了解每个人物的相关技能,以避免直播时无话可说。如果是直播一些课程知识,这类主播大多数是教育行业的专业人士,由于直播内容比较枯燥,为了让直播更有趣,主播在直播时可以穿插一些行业内的趣事来活跃气氛。

3. 状态调整

观众都希望看到主播真实又活力满满的样子,如果主播看起来很萎靡,就会影响直播效果,更可能引起粉丝们的反感。

综上所述,主播只有充分了解了观看直播的群体,才能够为观众准备好喜欢看的直播内容,把直播效果做得更好。

4. 人的确定

直播前的第四项准备工作是确定"人"。所谓"人的确定",对于独立的个人主播来说,就是找到主播本人的兴趣,对于商家来说,就是找到适合他们品牌和产品的主播。电商直播的任务主要是卖货。作为主播,不能随随便便选择一个产品之后就让粉丝去买,而是要从自己的兴趣出发去寻找适合自己的产品,然后再给粉丝推荐,最后才是销售。例如一个黑皮肤的人推荐美白产品,连自己都白不了,怎么会让别人信服呢?

5. 确定合适的产品

确定合适的产品是直播前的第五项准备工作。开什么类型的店铺,就卖什么类型商品,要充分地了解所卖产品的特性。例如一个卖手机的人,却天天直播唱歌,就算很火,流量很大,那又怎样?必须要记住:流量不重要,成交才是重点!再比如卖衣服,他卖的衣服与别人家卖的衣服有什么区别,他在开直播之前就要对此有清晰的认识。如果他卖的衣服是原创设计品牌,那直播的时候就可以突出原创设计的元素,以此来圈住一批对原创设计感兴趣的粉丝。

6. 做好试播和时间规划

做好试播和时间规划是第六项准备工作,也是最后一项。试播就是测试网络、调整灯光、环境,测试自己的语态和互动效果,等等。时间规划,指的是每天什么时候直播。新主播可以多试一试早上、白天以及半夜等时间段,尽量不要去和大主播抢晚上的黄金时间段。比如,一个新的主播,她的时间规划是这样的:每天直播 5~7 小时,学习产品和策划直播内容 3 小时,分析数据 2 小时,虽然一天会很辛苦但是也很充实。

11.3 确定观众的画像

在直播平台的系统后台,可以看到用户的一些基本信息,如图 11-1 所示。

从图 11-1 中可以看到用户的地域、上网时间、年龄段以及活跃时间,有经验的主播只需要关注这些数据就可以判断出观众的基本画像。也有的主播是通过和粉丝互动交流来产生观众画像。

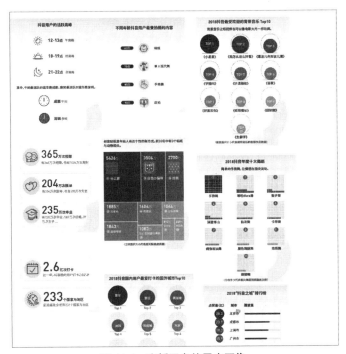

图 11-1 直播平台的用户画像

绝大多数主播是依靠不断积累的粉丝一步步成为大主播的,他们都对观众画像了如指掌,并且会认真搜集和总结每场直播的数据,用心把数据记下来,每过一段时间进行一次总结。

我们依据多家调研机构的数据,把观看直播的用户做了详细的统计和分析,按照情感需求、生活习惯、打赏行为划分了六大类型。

11.3.1 寻求陪伴型

寻求陪伴型用户是每一位主播的守护天使和金主,无论是打赏的次数,还是打赏的意愿,都排在所有观众的最前列,尤其是他们的私下打赏比例很高。如果一名主播，还没有一个铁粉私下通过微信、支付宝等手段给他的才艺作品打赏过，那么他就要重新审视一下在重点客户维护上是否做到位了。

此外，这种类型的用户观看直播的各类行为的数据，如观看直播频率、付费金额、观看时长、付费意愿、付费比例、付费目的，都是排在第一位的。

如图 11-2 所示为寻求陪伴型用户的画像。

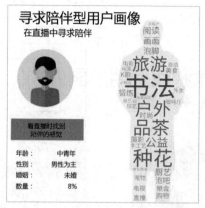

图 11-2　寻求陪伴型用户的画像

11.3.2　轻松消遣型

主播最常遇到的观众是轻松消遣型用户，这部分观众所占比例最大（占总人数的 30% 左右）。他们对主播的关注要求不仅要颜值高，还要求主播有独门才艺及其他吸引眼球的地方，该类型观众对主播取消关注的主要原因是觉得直播没有新意。

如图 11-3 所示为轻松消遣型用户的画像。

图 11-3　轻松消遣型用户的画像

11.3.3 电竞游戏型

电竞游戏型用户是观看直播类型里比较独特的一个群体，他们打赏主播的目的与秀场才艺类的观众不同，这部分群体打赏主播是因为主播高超的技能和对主播单纯的崇拜。

因此，游戏类直播观众数量虽然庞大，打赏金额也很高，但是作为游戏主播，如果没有高超的游戏操作技能和独特的人格魅力，很难获得这个群体的认可。

如图11-4所示为电竞游戏型用户的画像。

图 11-4 电竞游戏型用户的画像

11.3.4 消磨时间型

消磨时间型用户以关注清新自然类型的主播为主。他们没有固定的偶像和观看目标，遇到喜欢的类型也会持续关注。但是如果主播没有特别的魅力，这类用户会逐渐流失。这部分群体虽然打赏频率和打赏意愿相对较低，却是观看直播行业的中坚力量，在直播间的人气占比很重。一个主播如果没有他们的支持，人气就会下降，所以这个群体不容小觑。

如图11-5所示为消磨时间型用户的画像。

图 11-5 消磨时间型用户的画像

11.3.5 追逐潮流型

大多数走在时代前沿的年轻人是追逐潮流型用户。他们虽然钱挣得不多，打赏金额也不高，但是打赏意愿较高，不仅能带动直播间气氛，而且传播的范围也非常大。特别是他们喜欢的一些主播，容易在他们活动的群体中进行传播。

如图 11-6 所示为追逐潮流型用户的画像。

图 11-6 追逐潮流型用户的画像

11.3.6 追星型

追星型用户类似于陪伴型用户,两种都属于主播的铁粉,但是他们又有本质上的区别。追星型用户只是崇拜,对心目中的明星主播没有过多要求,只是为了喜欢而喜欢;陪伴型用户的占有欲很强。这种类型的用户收入较低,打赏的金额和意愿不会很高,但是有很强的营造气氛的能力,是每一个优秀主播必不可少的中坚力量。

如图 11-7 所示为追星型用户的画像。

图 11-7 追星型用户的画像

做好一档节目不容易,做一个优秀的主播更不轻松。观众不分三六九等,一个优秀主播的必修课程包含学会处理与每一位观众和粉丝的关系。

如图 11-8 所示为观众喜欢的达人类别。

图 11-8 观众较为喜欢的主播类型

读万卷书，不如行万里路；行万里路，不如阅人无数；阅人无数，不如名师指路；名师指路不如自己去悟。只有身临其境，才能无往不胜。

11.4 直播捆绑的产品

促销是直播带货的本质，它通过降价、搭赠等方式来促进商品快速销售。现在的直播带货在形式上都是一样的，用夸张的肢体语言、低折扣促销，诱惑消费者在短时间内下单购买。形成这种商业模式的因素有两个：低单价和高折扣。缺少了这两个条件，直播带货就没有作用。

（1）低单价。想要促进冲动消费，商品的定价不能太高。很多主播所带的大部分商品价格在 19～99 元的居多，少部分在几百元，也有几千元、几万元的，但是不多。

（2）高折扣。商品在直播时必须要有高折扣，否则消费者没必要在直播的时候购买。例如，一袋 30 多元的薯片，优惠十几元，就会引起大批顾客的冲动购买情绪。

11.4.1 无知名度的品牌

单价太高的商品，基本上不会通过直播进行销售，例如房、车等。知名品牌也通常不会参加直播带货，因为这些品牌已经为广告付出了很高的成本，再打高折扣就会赔本。因此，直播带货的商品，大多是品牌知名度较低的商品。

这时，有人会问，难道这些不适合直播带货的商品就不能参与这种全新的营销方式了吗？这就要说到直播的另外一种方式——品牌宣传。这种直播方式和广告的目的差不多，不是以卖货为目的的。比如，有一些企业所做的直播不是为了直播带货，而是为了让观众了解他们的工厂是先进的，他们制造的产品是安全的，以此来提升品牌在消费者心中的形象，这就属于品牌宣传。

11.4.2 有知名度的品牌

直播带货的价格比旗舰店的价格低是很正常的事情。旗舰店是长期的销售通道，直播带货则是短促行为，安排一次短促，价格还比旗舰店高，没有人会买账。直播带货的核心目标是薄利多销，多方共赢。商家有了量和利润，主播得了佣金和口碑，消费者得了实惠和满足。这种多方共赢的结局，皆大欢喜。

哪个行业都不缺竞争对手，有时商家没有直播带货，但是别人替他做了，把消费者的购物筐提前塞满了，那么他家的库存可能要留着慢慢消化了。如果是更新换代快的产品，那他的产品还没卖多少，别人的下一代产品就上市了，他就注定是被市场淘汰的人。并不是所有商品都适合直播带货，适合直播带货的商品大多数还是与民生领域有关的商品。因此，主播团队在挑选供应商时，大多还是以满足家用为主，涵盖衣食住行，以及教育、健康等领域。工业类产品暂时是没有主播愿意去带货的，因为受众太小，即使折扣很多，但粉丝不需要，也是白费力气。

11.4.3 适合在直播中售卖的产品

目前，电商直播主要集中在两个领域：美妆和跨境电商。除了这两个领域，还有哪些领域的产品和服务适合在直播平台售卖呢？

1. 注重安全质量的产品

因为用户对美妆与跨境电商产品的真假与质量等问题非常在意，直播时可以将这些问题用最直观的方式呈现给顾客，来消除顾客的各种疑虑。食品的安全问题，也是除美妆以外，消费者非常注重的问题。所以，可以尝试将这类需要特别注重安全质量的产品进行直播。很多食品加工厂的相关工作人员都曾将整个生产车间和生产流程用直播的方式呈现给观众，产生了非常好的效果。

2. 重视过程消费的产品

随着生活水平和质量的提高，更多的消费者越来越关注"过程"。他们开始关心工艺品的制作过程、食物的种植过程、食物的烹饪过程以及孩子的学习过程等。直播的出现，可以让消费者能够更好地去了解"过程"。这一类重视过程消费的电商也是适合做直播的，例如与吃有关的服务、旅游、教育等。

3. 高单价的长难决策

一般情况下，像家电、房子这一类商品，都需要消费者亲自体验过后才会做出是否购买的决定。但是用户大多时候都没有太多的时间去逐一体验，直播却可以为消费者创造出一种亲临现场的感觉，有助于降低用户的决策成本。

11.5 试播和时间规划的细节

我们经常能看到一些主播连续直播 15 小时、20 小时的新闻，其中有很多新闻的主人公或多或少都出了点状况，今天就来讲讲关于直播时长的问题。

很多人都进入了一个误区，觉得直播的时间越长，销售的商品和收获的打赏也就越多。其实，直播时间的选择是有技巧的。直播也有高峰期，如果在大家都上班的时候直播，不会有太多人观看。大部分人会在下班吃饭之后选择看直播进行消遣，或是中午午休时看会直播放松身心。

还有一些主播会觉得直播的时候一定要专心，不能离开，因为离开就会掉粉。其实这也是一个误区，主播可以在离开前与粉丝说明离开的原因，选首好听的歌曲放给大家，或留点悬念说说接下来的直播内容，这些其实也可以很好地留住粉丝。

很多新主播都会迷茫，今天直播什么内容？如何销售更多的商品？其实，无论做什么事情都是一样的，都要有一个计划，不能想到哪做到哪，下面做一个简单的规划。

开播前 30 分钟，一定要与粉丝保持互动，新主播前几天不一定有粉丝，但只要有，就要去和他们互动，向刚来的观众表示欢迎，和你的粉丝团、铁杆粉打个招呼，毕竟礼多人不怪。这时候可能会有一些新观众给你点关注，主播要尽可能向新观众介绍自己，让别人对你的印象更深刻一些。

开播的第 30～60 分钟，展示一下个人的才艺及所售商品，就算直播间没人刷礼物或没有购买意愿，也不要丧气，继续表演，不能半途而废。对于一个新主播来说，前期的重点是坚持，积累自己的粉丝团。主播的心情，能直接影响到观众和粉丝，一进来就看到主播一脸丧气，观众还能久留吗？

所以，不管发生什么事，主播都要保持最好的状态去欢迎任何一个可能喜欢自己的人。

开播的第 60～90 分钟，开始和观众互动。人与人之间就是通过交流来建立感情的，一次不经意的聊天可能就会让某个或者多个人喜欢你。现在的人都喜欢刷抖音、快手、火山、微视这些 App，主播肯定也会去看，别总是看完笑笑就没事了，要多积累点热门的段子。这样，在互动的时候不仅能引起观众的聊天兴趣，还能迅速带动直播间的氛围。有时，也可以找个名气不是特别大的主播去连麦，来吸引粉丝关注。

开播的第 90～150 分钟，可以玩玩游戏、唱唱歌，同时引出所售的商品，新主播或许在直播前期只有他自己或者个别粉丝在线，那就多去连连麦 PK 一下、玩玩成语接龙或一些小比拼之类的游戏。

开播的第 150～300 分钟，之前聊天已经聊了，PK 也 PK 过了，这时候可能会增加一些新的观众。对于新的观众，一定要表现得主动热情，可以问问他们的诉求，尽量去满足观众们的需求，例如为他们放一首歌。

开播的最后 30 分钟，主播可以喝点水，直播这么久，主播也会累。向粉丝们道谢，多感谢他们的支持，毕竟一个会感恩的人，不会让人反感。其实在这么长时间直播之后，不仅主播感觉很疲倦、乏累，观众也很累。能陪伴这么长时间的观众，肯定是真爱粉。主播如果直接下播显得很没礼貌，会给人一种特别傲气的感觉，这种人是很讨人厌的。

在直播最后的 5 分钟，提前在预告页面发布预告，让粉丝知道下一次直播的时间和内容，不仅可以留住铁杆粉丝，还可以吸引大量游客进入直播间。

做好以上的规划，就可以开始第一场电商直播了。注意，切不可急于兜售商品，直播不同于广告。

总之，充分准备会让主播面对镜头和与粉丝互动时更有底气和信心。

第 12 章 直播策划案

针对某一场特定直播的方案称为直播的策划案,也称为"脚本"。策划案是为了保证直播能够达到预期的目标,能够实时把控粉丝、推动直播卖货而制作的。在直播策划案的基础上进行直播,可以避免长时间的尬场等不必要的意外。详细的直播策划案可以让主播在话术上得到技术性的提示,让主播可以在言语上吸引粉丝并把控好与粉丝之间的互动。

12.1 策划案的内容分类

根据互动原则,我们把形形色色的直播策划案分为 UGC 的直播脚本、以节目的形式进行直播策划和大型晚会策划案三种。

1. UGC 的直播脚本

UGC 的直播脚本将互动信息作为核心信息。这种直播只需要有一个或若干主播和商品即可。通过主播与粉丝之间的交谈来介绍商品,中间的互动环节则是回答粉丝的问题、发红包以及搭配销售等。

2. 以节目的形式进行的直播策划

这种策划有主持人、嘉宾、商品、互动,核心是以商品和互动信息为主。要达到预期效果,需要在直播之前的一段时间进行宣传和预热。

3. 大型晚会策划案

这种策划案最核心的目标是商品销售及购买习惯的培养。主要形式有宣传盛会

（如天猫双十一晚会），弘扬活动精神，各种场内场外的场景切换（如电视、计算机之间的屏幕切换），明星之间的互动和游戏，以及广告植入信息和红包雨等。

图 12-1 为某服装店的直播脚本。

XXX 直播脚本	
直播主题	例：XXX 夏季新品发布（从需求出发）
主播	XX
主播介绍	品牌主理人、时尚博主、模特
内容提纲（流程）	
1	前期准备（直播宣传、明确目标、人员分工、设备检查、产品梳理等）
2	开场预热（适度互动、自我介绍等）
3	品牌介绍（强调关注店铺、预约店铺）
4	直播活动介绍（直播福利、简介流程、诱惑性引导）
5	产品讲解（从外到内，从宏观到微观，语言生动真实）
6	产品测评（360°全方位体验，站在顾客的角度）
7	产品性观众互动（案例讲解、故事分享、疑问解答等）
8	试用分享、全方位分析（客观性、有利有弊，切忌夸夸其谈）
9	抽取奖品（穿插用户问答）
10	活动总结（再次强调品牌、活动以及自我调性）
11	结束语（引导关注、预告下次内容）
12	复盘（问题发现、脚本调整、优化不足等）

图 12-1　直播脚本

12.2　直播脚本策划要点

我们通过分析众多的直播电商平台，概括出常见的直播脚本策划要点。

1. 直播的目标的内容

直播脚本首先要确定的就是直播希望达到的目标，例如观看量、点赞量、进店率以及转化卖货销售额等具体数据。其次要准备好直播的内容，开播前才考虑直播的内容是做直播最忌讳的，有的店铺直接让主播用店铺活动的策划方案进行直播，这是很不负责任的行为。有的主播因为没有事先预习当天直播的内容，在直播过程中就会出现尬播、尬聊等情况。通过做脚本来梳理直播流程，会让直播的内容有条不紊。

2. 直播的主题

直播的主题与文章主题类似，能确保直播的内容不会跑偏。通过脚本可以对主播的动作行为进行指导，让他清楚地知道在某个时间该做什么、还有什么没做。此外，可以借助主播传递更多的内容。比如直播主题是桃花妆，那内容就是教观众如何画一个桃花妆。

3. 直播人员

直播脚本还要注意人员的分工以及职能之间的配合。例如：主播主要负责介绍产品和引导观众关注产品，解释活动规则等，直播助理和运营主要负责互动、回复问题、发放优惠信息等，后台或客服主要负责修改宝贝（即商品）价格，与粉丝沟通转化订单等。

4. 直播时间

为了让粉丝养成观看习惯，主播需要确定直播的时间，最好严格根据直播的时间来进行直播，直播时段应该相对固定。要及时在下播前预告第二天的直播内容，让粉丝持续关注下一场直播，这样，既能促进粉丝养成观看的习惯，也能让粉丝对主播保持新鲜感。

5. 梳理产品卖点

在每个产品的卖点中要列举出该产品的特点，使主播给粉丝介绍的产品信息更真实、准确。提示主播有关活动环节的相关规则，更好地调动直播间的气氛，引导粉丝消费。

6. 直播脚本流程细节

各个流程的安排要具体到分钟。在介绍产品时，每一个产品介绍多久；在玩游戏时，应该怎么玩，玩多长时间；都要尽可能地把时间规划好并按照计划执行。

7. 直播结束后的总结

每场直播结束后都要进行总结。主播需要总结，运营也需要总结。涉及团队的每个人员都需要总结。不是说主播开播了，就没有其他人的事了。所有的人员都是一个整体，都至关重要。

除了上述的这七个要点外，还要注意每次脚本的内容都要有变化，最好每一场直播都能作出一份直播脚本。然后以周为单位，一周策划一次大脚本。

12.3 写直播脚本的要点

下面介绍一下编写直播脚本应该注意的要点。

1. 一周一脚本

最好以周为单位编写直播脚本，这样可以减少运营策划的工作量，提高直播的效果，也方便进行阶段性总结。

如图12-2所示为直播间计划表。

图12-2 直播间计划表

2. 周期性游戏

电商直播不能过度展示像唱歌、跳舞之类的个人才艺。对于电商直播来说，要多做一些周期性的游戏。如每周一次的9.9元秒杀，每个周日的新品五折，一周一次的拍卖等。这样更能让消费者记住主播，更加认同主播的产品。

如图12-3所示为活动策划要点。

	时间	基础活动	活动说明	通用活动	周期活动	产品安排	产品详情
星期一	8点 9点 10点	满199减100 抽奖 …	全场或指定xx 20优惠券	关注有礼……说明，……，进群活动……说，等等	每周一秒杀	8点到9点讲解A/B/C/D款，每款X分钟	附件一…
星期二		买二送一	活动说明，……		周二拍卖	9点到10点讲解…	
星期… 星期…					周三免费送		
星期日							

图12-3 活动策划要点

3. 产品要点

应该将产品的要点整理成册，并可以不断补充要点，这样利于主播快速了解产品。这项工作需要主播参与，也需要团队协作。

12.4　试着正式写一个脚本

在直播的对接过程中，可能会出现各种各样的问题，主播和运营之间就需要以脚本的方式进行对接。接下来，我们就试着写一个脚本。

一般情况下，脚本分为单品脚本和整场脚本。

1. 单品脚本

写单品脚本，最好是将单品脚本以表格的形式写下来，表格中应该有与产品相关的品牌介绍、利益点强调、引导转化、直播间注意事项等。这样可以在表格上将他们的卖点和利益点清晰地体现出来。在对接的过程中，就不会产生疑惑或不清楚的地方。

2. 整场脚本

整场脚本，顾名思义，就是编写整场直播的脚本。整场脚本既要对直播套路进行规划和安排，也涉及对逻辑和规则的编写以及直播节奏的把控。

我们以一场直播为例（这场直播大概 3～6 小时，没有中场休息），下面是对整场直播的脚本进行的阐述。

（1）一开播就要马上进入直播状态，和最先来的粉丝打招呼，问好。

（2）在开播的第 1～5 分钟进行近景直播。主播一边和粉丝互动（建议选择抽奖来作为互动），一边给他们推荐本场直播的 1～2 款爆款产品。接着不断强调每天定点开播，等待粉丝大部队的到来。

（3）在开播的第 5～10 分钟，剧透当天的新款和主推款。

（4）在开播的第 10～20 分钟，将今天所有的款式全部展示一遍，除了潜在爆款外，其他的不做过多停留。整个剧透持续 10 分钟，整个过程不看粉丝评论，按照自己的节奏逐一剧透。

（5）开播半小时后正式进入带货阶段。根据粉丝对于剧透需求来重点介绍，让粉丝可以参考直播前产品的介绍拍下产品。每个产品用时约 5 分钟。直播脚本可以参考上文的单品脚本。

（6）直播中，根据同时在线人数和每个产品的点击数量转化销售数据，场控需要引导主播及时调整对重点产品的演绎。

（7）直播的最后 1 小时，对呼声较高的产品进行返场演绎。

（8）直播的最后 10 分钟，剧透下一次直播的新款，助理可以见缝插针地回复本场直播中粉丝提出的有关商品的问题。

（9）最后 1 分钟，提醒没有关注主播的粉丝关注一下主播，讲清下一次直播的时间以及福利。

12.5 高转化率脚本的案例

一个直播间步入正轨的必要条件是一份合适的直播脚本。一份好的直播脚本可以让主播的直播变得更有趣，产品的销量会更好。如果主播还没有直播脚本，要结合自己店铺的商品进行编写。

直播机构有完善的团队，善于进行细节设计，使直播变得流程化，让消费者在直播的种种"套路"中关注直播间，并能长期的驻留在直播间。这让很多已经开通直播的普通商家很羡慕，那些商家最头疼的就是流量没有机构直播多，转化效果也没有机构直播好。出现这种情况的根本原因是普通商家没有提前做好直播脚本，每次直播都是想到哪儿就说到哪儿，最后往往变成"尬聊"。

最近拼多多直播、淘宝直播都非常火，素人和商家都可以开直播。那么怎样才能摆脱类似于电视购物的大甩卖，或者网红教化妆这样的方式，从五花八门的直播间中脱颖而出呢？最关键的就是前期脚本策划，以下是小店铺做好前期策划的经验。

12.5.1 明确每次直播的目标

直播的目标一般来说有 3 种：一是为观众提供独特的视角，二是单纯地增加粉丝的关注度，三是建立舆论导向。目的不同，直播的过程和方法也是不一样的，但是也没有必要套用某固定的方法，不同的目的之间其实也存在着方法交集的情况。作为商家，不用每天都开直播，基本上每个月开 2～3 次就可以了，在有专业团队的情况下，可以适当多开一些。

如图 12-4 所示为直播脚本策划的关键因素。

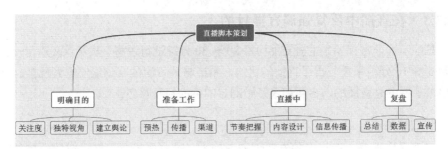

图 12-4 直播脚本策划的关键因素

12.5.2 设计直播

根据直播的目的进行海报以及软文的设计,并进行多渠道的宣传。有的商家开通直播后,就坐等粉丝进来,这是不对的,应该主动出击,告诉观众主播要开直播了。对直播间主题有兴趣的人都可以来参加,让观众抱有或许还能抽到小礼物的期待。这就是专业直播机构的流量远远多于商家流量的原因之一。普通商家因为太过于依赖某个固定的渠道,以至于没有考虑如何综合各个渠道来增加自己的曝光度和流量。

如图 12-5 所示为淘宝直播首页的付费位置。

图 12-5 淘宝直播首页的付费位置

12.5.3 在直播中反复强调直播目的

把控节奏非常重要。主播要平均每 20～30 分钟进行讲解、表演以及演示一次，再用 5～10 分钟来重复自己直播的目的，希望与消费者的互动能够得到反馈。这个阶段最重要的是直播的内容要和最开始确定的目的相互呼应。

1. 增加关注度

在直播中强调主播身份的专业性和正确性，这样做是为了获得粉丝的信任，增加关注度。

从粉丝的增长情况来看，三四线城市逐年上升（2019 年三四线城市的直播粉丝占比均不到 5%），如图 12-6 所示。

图 12-6　2020 年三四线城市的直播粉丝占比

2. 提高转化率

在直播中强调产品的特殊性和适用性，这是针对产品所提供的独特视角，来提高产品的转化率和客单价。

参考卡斯数据，强调特殊性和适用性的用户也在上升（相比 2019 年，2020 年女性用户和 18 岁以下用户分别上升了 10% 和 9%），如图 12-7 所示。

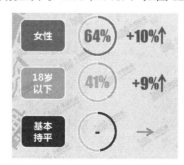

图 12-7　2020 年特殊性和适用性用户的变化

3. 在直播中传播对主播有利的舆论

商家可能会遇到各种各样的买家，此时可以利用直播来做一场危机公关，效果也会很好。例如某主播针对职业差评师做过一次直播，不但获得了大多粉丝的认可和支持，而且当天还转化了不少"同情单"。

一般情况下，主播要分阶段去设置直播的内容，因为要考虑很多半路加入的游客，这些游客并不知道主播在直播开始时讲了什么，所以每个阶段的内容都要合理衔接。

12.5.4 复盘和再次宣传

直播结束之后，主播团队内部要复盘每次直播的优缺点，做得好的地方要继续保持。对做得不好的地方，要考虑在下次直播前，要提前写好文案、流程，来规避和减少类似情况的发生。在专业的直播团队，每个主播周围都有四五个助手，而普通商家一般只有一两个人打下手，所以普通商家会产生一些难以避免的错误。

直播结束后要进行宣传，既可以宣传直播中发生的趣事，也可以宣传粉丝中奖的信息或下次直播的预告。目的就是提醒没有来看直播的粉丝来观看下次直播。

早在淘宝网 2016 年度的卖家大会上，阿里巴巴集团的 CEO 张勇就明确了直播的社区化、内容化以及本地生活化的三大战略方向。张勇在大会上说："只要找到年轻人感兴趣的内容，每个卖家都可以变成网红。"在场的很多卖家对这句话将信将疑。怎么可能？如何实现？如今，淘宝直播就让这句话成为了现实。

从卡斯数据公司的报告可以看到，目前直播已经下沉到三四线城市，用户数量逐年递增。图 12-8 为用户下沉示意图（2019 年 8 月对比 2018 年 8 月）。

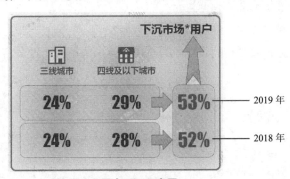

图 12-8 用户下沉示意图

对于不具备自主直播能力的商家，可以选择和达人合作。为了帮助商家与达人进行对接，淘宝推出了阿里 V 任务平台，入驻平台的达人都是在各自领域有一定粉丝积累以及用户引导能力的主播。

以下是某位直播策划大咖关于直播的一次采访。

记者：您是否觉得淘宝直播是一夜爆红？

直播策划：不是。在直播之前，团队筹备了很久。因为直播在整个互联网行业已经酝酿了一段时间，具备了要火的基础，所以淘宝直播很快就火起来了，满足了商家的需求，商家和消费者都需要这样一款能够瞬间引爆消费需求的产品。

记者：直播和视频有什么区别吗？

直播策划：视频内容比直播内容相对优质，但是互动性较差。直播需要脚本，注重互动性，例如教用户化妆，教用户解决肥胖问题等。

记者：哪种内容的直播流量相对较高？

直播策划：这就要看主播的表现力，让粉丝有参与感与代入感的直播，流量相对就高点。例如要直播教化妆，主播最好从素颜开始教粉丝化妆，一边化一边和粉丝聊化妆知识。现在淘宝直播的内容主要是帮助用户解决问题，例如通过全球直播，带用户去澳大利亚、迪拜扫货等。成交不是最重要的，最重要的是带给用户一个不同的视角。

记者：商家要如何上淘宝直播？

直播策划：我的建议是，直播能力、社交互动性比较好的商家可以直接开通直播。没有能力但有合适商品的商家，可以通过阿里 V 任务和主播达人合作。

记者：淘宝直播在后期还会有哪些更新？

直播策划：加强直播的互动性，例如让主播与粉丝连麦及多屏互动等，还有一些升级的玩法，例如打赏工具的多样化；让商家能够以更多样的形式参与进来，例如冠名和开发更多的营销工具等。

记者：哪种商家或商品比较适合直播？

直播策划：我觉得有内容、有特色的商家或产品比较适合直播。

第 13 章
直播间话术

在任何平台直播，主播的基础都是人气。如何变得有人气、怎样让直播间的观众主动说话、如何带动直播间气氛、怎么让直播间的粉丝拧成一股绳等问题困扰着很多主播，下面我们着重介绍如何进一步提升主播的直播技巧。

13.1 理性话术和感性话术

理性话术以理论为主，阐述更偏重功能性，以说数据、做分析为主。感性话术偏重交流情感，以讲故事、举案例为主。主播要根据不同的产品类别选择相应的话术风格。

13.1.1 善于留住游客

在主播生涯的前期，主播要学会如何留住游客。总有一部分游客喜欢新鲜，经常去新主播房间观看，尤其是一些喜欢刺激的游客，他们常常乐于寻找优质的新主播。

主播在游客进入直播间时正在展示才艺，如果游客感觉不错，就会主动留言，如果主播当时正在聊一些大家都感兴趣的话题，那么游客也可能会一起参与。所以，主播在欢迎游客的时候，一定别忘了在欢迎的同时介绍自己、展示自己。如果只是欢迎游客来到直播间，他们是没有留下来的兴趣的。

图 13-1 为游客对主播产生信赖感的环境及因素。

图 13-1 顾客对主播产生信赖感的环境及因素

13.1.2 主播要学会找话题

游客进入直播间，不论是因为主播的颜值，还是主播的才艺，只要他发言了，就意味着主播已经吸引到他了。此时，主播就要主动和其聊天，了解他们的需求，寻找大家共同的话题。主播可以根据游客的发言寻找话题。如果游客喜欢听歌，那么就去了解他想听什么类型的歌，以及为什么想听这种类型的歌（尽量少问他想听什么歌我给你唱之类的话，万一不会唱，就很尴尬）。如果游客希望和主播聊天，主播就需要做一个合格的倾听者，同时也可以发表一些自己的见解，比如谈谈自己的经历，根据对方的话题引导他们诉说。

13.1.3 主播要学会互动

互动是让观众转变成粉丝的有效方法之一。大多数主播都只会通过欢迎观众、与观众聊天或唱观众点的歌、玩一些小游戏等方式来进行互动。一旦观众增多，主播难免就照顾不过来，就会有观众觉得主播忽视了他，认为主播很自负，这种观众（故意捣乱的观众不算）让主播很苦恼，要是处理不当，这种观众就会变成黑粉。如何兼顾所有人，这里面的学问很多，通常主播会用到话术。经常听到主播说：欢迎大家来到直播间，谢谢所有在直播间的朋友，为大家献上一首歌等。有的粉丝也会主动帮主播维护秩序，和观众聊天。

主播是连接直播间和观众的纽带，让观众们形成一个圈子，当他们习惯了在这个主播的直播间里听歌、聊天，就会成为这个主播的粉丝，进而产生购买意愿。由于新主播直播间里的观众不多，所以他们基本都可以被照顾到。多提观众的名字，让观众觉得主播在注意他们，多与观众说话，让观众觉得他没有被忽视。

在直播间带货，商品不同，话术的节奏也不同。

在介绍单价高、难度高的商品时，话术的逻辑性要强，要深入挖掘，表述要起承转合，更要有画面感，同时要保证知识储备充足。需要注意的是，速度快不是节奏快，节奏快不是语速快。

13.2 如何找话题

如果在直播的过程中词穷了，气氛就会显得很尴尬，所以主播一定要学会寻找话题。

主播在直播的时候，要是不知道和粉丝聊什么，平时就要多看看新闻、时事，多看一些既幽默又有文学气息的书。这样，既提高了自己的学识和修养，也拓宽了眼界，可以和人侃侃而谈。文化的力量永远比美艳绝伦的容颜持久，这就好比一个男生需要在两位女生中选择一位来共度余生，一位貌若天仙却胸无点墨，自私自大，冷漠刻薄；另一位虽然外表普通，但言谈举止让人很舒服，还精通各种才艺，善解人意，通情达理。这个男生刚开始选择貌若天仙的女孩，可是不久后就觉得第二位女孩好了，于是果断与第一位女孩分手。

因此，颜值只是主播的附加分，关键是气质、品德、为人处世的方式。就算是外表普通的主播，只要有足够的亲和力，也可以在第一时间获得粉丝的注意力。

不要重复走别人走过的路。有的主播看到别的主播的直播方式很受大家的欢迎和关注，就刻意模仿，结果反响平平。新主播应该另辟蹊径，可以多看新闻，了解时事，与时俱进总是好的。

13.3 电商主播的销售法

电商主播其实就是电视购物里的主持人，服装店的销售员、导购，美容院的顾问等，无论什么身份，要想通过平台把东西卖出去，深谙人性就是他们的技能。

作为电商主播，要擅长将语言和人性结合起来，例如阿依莲门店的销售员，糖衣炮弹就是他们的销售攻略，每个进店的女生会被各种甜言蜜语攻击，一旦沦陷，出门的时候都不知道自己买了什么。

做到这个地步的销售，除了经过专业的培训之外，天赋也是很重要的，要擅长语言组织。如何才能拥有这样的能力？很简单，就是不停地说、模仿、创新，这三点也是成功的秘诀之一。作家格拉德威尔（M. Glad well）说过"人们眼中的天才之所以卓越非凡，并非天资超人一等，而是付出了持续不断的努力。一万小时的锤炼是平凡人变成世界级大师的必要条件。"他将此称为"一万小时定律"。做主播也是如此，没有捷径，对自己严格、能吃苦的主播更容易成功。

接下来跟大家分享一下"五步销售法"，即提出问题、放大问题、引入产品、提升高度和降低门槛。这个方法是通过大量案例总结出的直播间话术方法。

1. 提出问题

提出问题，就是结合消费场景提出的消费痛点以及消费需求，给消费者一个消费的理由。例如防晒是夏天很重要的事情。不论是防晒衣、防晒霜，主播在卖货前最好铺垫一下情绪，并提出困难，让这些困难成为直播间里活跃的话题。切忌太假太夸张，要实际一点，可以从一句简单的抱怨开始。可以提出类似"今天又是个暴晒天啊，就羡慕那些皮肤晒不黑的人，我的皮肤一晒就变黑"这样的问题，不需要讲得很详细，不要立即引入产品，重点是引起粉丝的共鸣。

2. 放大问题

放大问题即要尽可能放大大家忽略掉的问题。结合以上的例子，将不做防晒的危害放大到一个高度。可以这样说："现在才刚刚进入夏天，离秋天还要很久，无论怎么躲我都要变成黑人，常言道一白遮百丑，其实主播不是怕黑，只是怕丑！而且紫外线有很多危害，它不仅会引发长久难以治愈的日晒斑、皱纹，还会使皮肤失去弹性、下垂、提前衰老。"

3. 引入产品

第三步就是以解决问题为出发点引入产品，来解决上面提出的问题。继续以上的例子："因此防晒非常重要，通常有以下几种防晒方法，如穿防晒衣或使用防晒霜、防晒喷雾、防晒膏等。"然后借此语境逐个引入产品。但是现在不要详细讲解产品，先说明可以通过这些产品解决之前提到的一些问题，先把问题解决掉，把美好的愿景呈现给观众。

在引入产品的间歇，刻意引导观众关注自己。这个时候需要熟记一些常规引导台词。例如"刚进来的小伙伴没有关注主播的，点上面的'点亮我'点亮关注""关注主播不迷路"等，主播要将这些引导台词随时挂在嘴边，每隔几分钟说一次。因为随时都会有人进入直播间，不能放弃任何一个让观众关注账号的机会。

4. 将产品提升高度

第四步就是将产品提升高度。这需要通过行业、品牌、原料等方面对产品进行详细的讲解，增加产品的附加值。这个环节，特别考验主播的专业知识，雄厚的专业知识能让粉丝对产品产生仰视的心理。

5. 降低购买门槛

最后就是降低购买门槛。此时可以对优惠、渠道优势以及独家等方面进行介绍，降低观众最后的购买防线，也就是所谓的"临门一脚"。

13.4 直播间常遇到的问题和话术

下面来介绍直播间常遇到的问题和话术。

（1）遇到有粉丝提问"主播有多高，多重？"，说明粉丝并没有看到直播间后面的信息牌。可以这样回复："主播身高165cm，体重50kg，穿S码，小姐姐也可以看一下主播身后的信息牌哦，有什么想看的衣服也可以留言，记得关注主播。"

（2）遇到有粉丝提问"身高不高能穿吗？体重太胖能穿吗？"等直播中经常出现的问题，这时就需要运营和主播耐心解答。可以这样说"小姐姐需要提供具体的体重和身高，这样主播才可以给你合理的建议。"

（3）遇到有粉丝提出"试一下几号宝贝"这种要主播试穿的要求，说明粉丝对该宝贝产生了兴趣，需要主播进行详细的介绍。此时就可以说"小姐姐，先点击正上方红色按钮关注主播，主播马上给你试穿哦。"

（4）也有粉丝会问"5号宝贝多少钱？"这样的粉丝虽然比较懒，但确实想要购买，主播需要耐心解答。可以这么说："5号宝贝可以找直播间的专属客服，报主播名字领取20元优惠券哦，优惠下来一共是49元，喜欢这件衣服的赶快下单哦。"

（5）"主播怎么不理人？不回答我的问题？"，粉丝有时也会问这样的问题，主播必须第一时间去安抚粉丝的情绪，否则可能会失去这个粉丝。必须赶紧回答"小姐姐，主播没有不理你，如果主播没有看到你可以多刷几遍问题，不要生气"。

13.5 直播欢迎话术

在直播刚开始时，主播需要对来看直播的粉丝表示感谢。通常可以用以下语句表述。

（1）欢迎朋友们来到我的直播间，主播是新人，希望各位朋友多多支持，多多捧场哦！

（2）欢迎XX（名字）进入直播间，点关注，不迷路。

（3）欢迎XX来到我的直播间，他们都是因为我的歌声（舞姿/幽默感）留下来的，你也是吗？

类似上面的欢迎话术有助于提升主播的亲切感，观众会在第一时间感到亲切舒服。

13.6 直播互动技巧

在进行直播互动时，我们可以从积极回答问题、连麦、秀才艺、向粉丝提问等四个方面去提高直播互动技巧。

1. 积极回答问题

（1）对一些骚扰和流氓问题，主播可以选择性过滤。

（2）遇到产品问题要及时回答，如果来不及，截图保存稍后回答。

（3）回答问题时要有耐心，不要鄙视提问者。

2. 连麦

连麦是直播间互动的有效技巧之一，尤其是和铁杆粉丝的连麦，既可以调动粉丝的积极性（铁杆粉丝还会帮助主播塑造权威和专业度），也会增加直播间粉丝的活跃度，从而促进产品销售。

3. 秀才艺

主播在直播间除了用产品和粉丝互动外，还可以用才艺感染他们。有的主播本身会唱歌，有的还会玩塔罗牌算命，这些都会吸引大家的注意力。有一部分主播还会通过点歌和算命来促使粉丝下单，进行交易。

4. 向粉丝提问

主播不仅要及时回答粉丝提出的问题，也可以通过向粉丝提问来提升互动率。

提问的时候需要避开开放性的问题，多问一些封闭性的问题，例如：

（1）各位宝宝想要这只口红吗？想要的可以扣"1"。

（2）大家觉得巧克力味的好吃还是黄油味的好吃？

13.7 感谢话术

一般情况下只要直播间的关注量上升后，主播就会收到打赏。有的粉丝是从头到尾一直关注他的直播，所以感谢的话术也是必不可少的。感谢的话要真诚，让观众有一种被重视的感觉，以后才会有更多的粉丝参与到直播中来。下面列举一些感谢话术。

（1）感谢家人们今天的陪伴，感谢所有进入直播间的家人们，谢谢你们的关注、点赞哦！

（2）现在是 5:00，主播还有 30 分钟就要下播啦，非常感谢关注的宝宝和送礼物的宝宝们，谢谢大家！么么哒！

（3）最后给大家播放一首主播最喜欢听的歌，播完就下播了。感谢大家，希望大家睡个好觉，做个好梦，明天新的一天好好工作。

（4）主播还有 10 分钟就要下播了，非常感谢大家的陪伴，今天和宝宝们度过了非常愉快的时光，主播再给大家唱首歌再走好不好，宝宝们一定要记得想主播，主播也会想念你们的。

需要注意的是，很多主播认为节奏快就是语速要快，实则不然。如果在直播间把提前准备好的话不小心都说完了不知道该说什么了，一定不能慌，可以去找别的话题聊。聊一聊热点事件，或者放一首好听的歌，或是说一说主播的生活趣事，这样观众更容易参与进来。

13.8 直播互动话术

通过与观众的实时互动，可以让观众感受到无微不至的服务，观众的诉求可以很快得到回应，主播也能很快收到观众的反馈。

一般情况下，主播都是通过以下话术进行互动：

1. 发问式互动话术

例如"你们能听到我说话吗？""这款隐形眼镜大家以前用过吗？"等问题。这类发问式的话术，观众打一个或两个字就可以回答，主播也能够快速得到粉丝的答案，不会让直播间冷场。

2. 选择性话术

选择性话术，就是给观众抛一个选择题，选择 ABCD 答案都可以，能够很快让观众参与到直播互动中来。例如"想听《×××》的刷 1，想听《×××》的刷 2。""试左手这支口红的刷 1，试右手这支的刷 2。"

3. 节奏型话术

例如"觉得主播跳得好看的刷波 666。""刷波零食节让我感受一下你们的热情。"

等这些类型的话术就是要观众发言而已，让新进来的观众看到直播间很活跃，会好奇为什么很多人刷666，主播到底表演了什么？

13.9 管理自己的情绪

  主播累了，想要下线，可是粉丝情绪高涨，舍不得主播下线，不让下线。这时候主播千万不能嫌粉丝烦，想要得到更多粉丝的礼物，就不能嫌他们烦，要让他们看到主播的用心。一定不能在粉丝缠着不让下播时发脾气，问一下他们的需求，能满足的尽量满足，不能满足的礼貌地告知对方，已经很晚了，明天再见，然后果断下播。

  不要吝惜表达对粉丝的关注。如果有专门和粉丝们互动的微信号码、微博或QQ群，可以把抽奖截图在直播期间晒到朋友圈、微博或QQ动态，让他们觉得这个主播值得他们喜爱，总是把他们放在心上。

  主播要想和粉丝保持一个相对安全的距离很难。主播只要一打开直播间，就会分享生活经历，粉丝也会不可避免地接触到主播的生活。这种互动有时会被粉丝误解为友谊，甚至更亲密的关系，会带来很多问题。尤其是遇到狂热的粉丝，很可能会做出比较出格和尴尬的事情。为了安全起见，主播尽量不要透露真实姓名、住址，大家都是成年人，要懂得友情是有边界的，粉丝和主播之间是有明确界限的。

  在每次下播前都要感谢直播间所有的粉丝，尤其是那些刷礼物给主播的粉丝，无论他们在不在直播间都要表示感谢，做一个懂得感恩的主播。有的主播感谢某位粉丝时，说"谢谢"，有的则会说"谢谢你"，还有的主播说"感谢×××"，这三者的区别在于"谢谢"是泛指，"谢谢你"是特指，"感谢×××"更走心。对于陌生人，会说"感谢你"，对于在直播间刷礼物的粉丝，若加上对方的名字，会显得主播很友善。被点名的粉丝会有存在感，或许下次会刷更多的礼物。而主播也会因为有礼貌，而收获更多的粉丝。

  有些主播觉得记不住那么多的粉丝。其实不是记不住，只是认为记住粉丝不是很重要。如果真的意识到记住粉丝很重要，就一定能记住。

  无论是什么主播，在直播的时候喊出粉丝的名字，都是很感人的。尤其是当粉丝越来越多的时候，大主播仍然能叫出他还是小主播时捧过场的粉丝的名字，粉丝肯定会非常感动。这会让粉丝不仅感到尊重，待在直播间的时间也会更久，甚至从此非此直播不看了。

  有时会碰到粉丝打赏想要主播唱个歌，这个要求也不过分。可是难免有主播状态不好而不想应对，这个时候不好直接说不想唱，可以换一种说法，例如"主播感冒了，嗓子不舒服，改天给您唱好不好？""很抱歉主播最近在学一首新歌曲，想等学好了来给大家展示，可是还没有学好，现在效果不好，不好意思。"这时粉丝只好说，那期待他的新歌曲，下次来听。

网络主播被人黑（此处的黑代表被别人挖苦、嘲讽，即抹黑）不如自黑。自黑需要强大的内心、厚脸皮和幽默感，可以把糗事当段子讲。很多天生招黑的主播，不如自黑一把，让主动权在自己手中，黑着黑着就白了。

主播在说话时要注意分寸，说话太直会伤到人。真性情是说真话，不是说难听的话，直率和轻重不分是两回事，幽默和讽刺是两回事。尤其是直播时，千万不要说伤害粉丝的话。例如之前有粉丝在一位主播的直播中被骂，引起了广大粉丝的爆屏讨伐。

主播想让粉丝舒服的同时自己心里也舒坦，就要在考虑问题的时候优先站在粉丝的角度。虽然有时候说话直的人并不是真的想伤害对方，但肯定没有站在对方的立场去考虑问题。

遇到不讲信用的粉丝，说好了购物或刷礼物，结果今天不行动，明天也不行动，后天还是不行动。主播是会有点小失落的，但是一定要大度，不要把这个人拉入黑名单。

主播要从好的方面想，这个粉丝天天为自己捧场，为自己加油打气，提高直播间的人气。也有可能是粉丝在考验主播的耐心，此时主播可以拿小本子记着，等过几天再说的时候就可以提醒他，撒个娇卖个萌，粉丝就会不好意思了。

主播一定要在直播事业进展还不错的时候感谢那些购物、打赏、看过直播的粉丝，还要感谢经纪公司的栽培以及提供的资源，每过一段时间就要口头致谢一下。

在直播间遇到再大的事情都不能崩溃，不要轻易动怒。尤其是在直播间，会有很多人等着看笑话，过于脆弱的主播，会让粉丝对他失去信心。情绪不好的时候，深呼吸10秒钟，调整好了再开播。

接着通过和粉丝主动交谈尝试找到共同点。和陌生人的生活交集就是共同点，教育背景、兴趣爱好、体育运动等话题都是与陌生人交谈中常见的开放式聊天话题，也是主播和陌生观众接触的最好话题。

下播后适当地和粉丝互动，时不时地和粉丝谈谈心，充当一下知心姐姐的角色，有人形容这种感觉像在网上跟很多人交朋友。

面对表演没有人买单时，作为主播不应该抱怨，也不应该觉得粉丝的消费是应该的。这样的尴尬很好化解，主播可以卖萌、撒娇，或者不受干扰地继续直播，偶尔示弱也可以适当地调节气氛。